國際頂尖人類行為專家
DAVID J. LIEBERMAN
大衛·李柏曼——著
譯——高品

看人要準，防人要快。

FIND OUT WHO'S NORMAL AND WHO'S NOT

FBI資深顧問教你一眼認出危險人物
避開身邊的隱形炸彈

目錄

CONTENT

推薦序　拆解「識人之明」，看見第六感背後的心理學　蘇益賢　007

推薦序　儘管瞎了狗眼，也要嗅個明白　蘇俊濠　010

前　言　快速掌握對方的心理狀態　013

Part 1

識人第一步：看穿人性的真相

第1章　為什麼情緒會出問題？　019

從性格的形成、發展到失控，看透人性的多樣面貌。本章從性格如何在每個人身上萌芽、成長、演變出獨特特質談起，並剖析當性格偏離常軌時，會導致哪些問題行為。

第2章　誤會與偏見：錯誤解讀他人的行為　039

深植於我們腦中的「心理捷徑」是如何悄悄影響我們的思考，讓我們偏離客觀、理性，導致我們判斷失準，做出草率或錯誤的決定？

第3章 看穿心理情緒的基礎 049
即使是最短暫的交流，一個人的情緒仍會不自覺地透過行為洩漏，留下可供我們辨認的「情緒足跡」。

Part 2 識人第二步：破解人格背後的四大心理面向

第4章 自尊機制：情緒健康的核心因素 055
自尊是影響情緒健康的關鍵。本章全面剖析自尊如何深刻影響一個人的情緒、人際關係，甚至人生。

第5章 責任感：接受還是逃避？ 073
一個人的情緒健康度，往往取決於他為自己的人生承擔多少責任。為什麼人們會不惜代價採取荒謬或不合邏輯的行徑，也要逃避面對痛苦與生活中的問題？本章將深入探討。

第6章 視野的廣度：越狹窄，越不健康 089
在應對挑戰時，視野的寬窄會直接影響人們的判斷與決策是傾向依賴情緒，還是理性思考。某些情況下，它甚至會誤導我們！

第7章 **人際關係與界線：透過邊界感來判斷** 105
人際關係不僅影響你，更定義了你。本章讓你明白到，人際界線模糊不清，會如何讓你的人際關係失控，進而讓生活陷入混亂與痛苦。

Part 3
識人第三步：打造情緒雷達系統

第8章 **五分鐘就能完成的心理掃描術** 117
本章所說的技巧，讓你無論身處何地（辦公室、餐廳、公園，甚至捷運、電梯裡）、無論交流時間長短，都能迅速洞察人心，評估對方的情緒穩定度。

第9章 **從對話中看出異常徵兆** 131
從個人生活到職場互動，當你面對同事、保姆、鄰居或約會對象時，本章教你如何透過深入對話，建立精確的心理剖析檔案。

第10章 **當警報響起：識別危險度** 155
全面解析在各種互動情境中，絕對不容忽視的警示信號，以及我們該如何分辨一級、二級、三級警報，保護自己遠離危險與傷害。

第11章　**掌握情緒狀態的四項統計關鍵**　185
大量研究已證實，某些特定的行為模式，能有效幫助我們判斷一個人的情緒是否穩定、是否可能帶來潛在的危險。

第12章　**壓力源：不可忽視的評估要素**　197
面對壓力與創傷，為何有些人能夠堅強應對，而有些人卻不堪一擊？關鍵就在於「情緒韌性」。本章深入探討韌力高低的顯著特徵，以及它如何左右一個人的情緒穩定性。

第13章　**天生就有問題？一切取決於基因嗎？**　215
基因不能決定、也無法預告一個人的命運，但它確實在某種程度上影響人們的性格與情緒狀態。本章深入解析基因如何在人們的情緒生活中發揮影響力。

後記　235
參考書目　236

好評推薦

依姓氏筆畫排列

我原本以為這是一本從行為上去識人的工具書，但詳細一看才發覺，這是一本有深厚心理學知識支撐的應用書籍，非常好看。

——文森，YouTuber 文森說書

這本書用淺顯易懂的方式，讓人可以快速抓到掌握人的訣竅。一段好的社交，是基於我們可以對此人做出正確的判斷並給予相對應的回應，這也是所謂「知己知彼，百戰百勝」在闡述的概念。在看這本書的過程，讓我覺得非常享受且受用，作者用科學的角度解答許多對人的疑問，希望你也可以在本書當中找到你想要的解答。

——蕭婷文，諮商心理師

推薦序

拆解「識人之明」，看見第六感背後的心理學

蘇益賢
臨床心理師、職場心理學講師
初色心理治療所副所長

就在我閱讀書稿的這段期間，電視新聞正播報著「北捷驚傳隨機砍人」的新聞。時間軸再往前拉，更可以在網路上搜尋到「台中詭男，拿鋸子隨機攻擊二人」、「台東女隨機暴打路人」、「西門町爆隨機砍人，南韓留學生清晨背後噴血」等新聞。

這些駭人的新聞，對許多民眾來說可能是一記警鐘。我們開始意識到，原以為在日常生活中如空氣般存在的安全感，可能會在某些時刻瞬間消失。相關延伸報導開始分析這些隨機暴力的可能成因，也進一步呼籲民眾思考平日生活中要留意的「自保」之道。

但事實上，我們需要保護自己、察言觀色、辨識危險的時刻，可能不僅僅是外出時。廣義來說，那些可能從「萍水相逢」開始，慢慢走入我們生命的其他人，更是我們

該好好發揮「識人之明」的對象。

在從事諮商過程中，我們總能從許多案主身上聽見這樣的故事：一開始認識某人時，本來以為他人很好、很善良；但時間久了才發現：「當初我到底是怎麼看人的!?」「為什麼對方變了一個人！」類似的故事可能發生在辦公室的場景（那位一開始和你很麻吉，後來卻陰了你的同事），又或者是發生在一段差點要步入婚姻的親密關係之中。

書名《看人要準，防人要快》當中的「防人」二字指涉的，不只包含我們印象中覺得有暴力風險，會對我們造成物理上危害的人，更廣義的包含在任何關係中，可能也會對我們造成心理暴力的人。

本書提供了立基於紮實心理學的實用概念，提供了讀者完整培養「識人之明」核心能力的觀念與技巧，如：要如何去了解他人的情緒穩定性、自尊、責任感、思考視野，乃至於邊界感、人際界線等議題。

在我們將自己的真心交出去，想和另一個人深刻地交流之前，這些觀察與識人的角度，讓我們有機會更具體而深刻地認識對方。特別是，如果你打算與對方進入一段深入的關係之前，除了花時間與對方相處、相談之外，本書提供的架構，將能幫助你更清楚意識到那些潛藏在人類表面行為之下的冰山面貌。

本書適用情境多元。好比，在你的孩子帶著他交往一陣子的男／女朋友回家之後，作為長輩的我們除了臉色不好、氣噗噗跟孩子說「說不上為什麼，但我就是不喜歡他」之外，還可以偷偷借用本書架構，細膩與孩子溝通那些怪怪的背後，是哪些警訊讓你有這樣的感覺。又或者在擔任面試官時，除了考量面試者的能力之外，本書提供的架構，更能進一步幫助我們去辨識，這位實力具備的潛在員工，是否擅長與職場的他人建立良好的關係，避免「請神容易送神難」的窘境發生。

心理學的訓練提醒我們：人類的情緒與行為是複雜的。某些人展現的「精準識人」能力，看似與難以言傳的第六感有關。但相信讀者在閱讀本書後，便能發現這樣的能力其實源自紮實的心理學知識、細緻的觀察習慣與經驗的累積，更是可以培養的能力。

本書將這些專業知識轉變為淺顯易懂的語言，相信能幫助更多讀者培養這樣的識人之明。在未來，這樣的觀察力將能幫助我們在每一段人際關係的十字路口，做出更為理想的決定。

推薦序

儘管瞎了狗眼，也要嗅個明白

蘇俊濠（哈理斯）
諮商心理師、精神分析主題作家

近年，自助式心理學科普書籍中最受讀者青睞的主題，少不了針對「心理病態者」作出區分及識別——諸如恐怖情人，或源自「搭訕藝術家」（PUA，pick up artist）一詞並最終演化至貶損自尊、情緒勒索、精神操縱等行為。

此類知識的需求，反映了多少人曾因為識人不清或自嘲瞎了狗眼，而導致遇人不淑。金錢損失已非事小，感情創傷（友情、愛情或親情皆含）更是動搖三種讓生命變得有意義的基礎感受★：當「信任」被沖毀，進一步淹沒原有的「信念」和建基於此的「希望」。

「帶眼識人」這句粵語中要帶上的「眼」，深刻表達出覺察人際危機的兩個關鍵：由經驗與歷練累積而成的「眼界與慎重」，以及互動當下所引發的「感知與感受」。

不只青年人，其實不少成年人也缺乏足夠的見識與思考去判斷人心，往往只流於表淺的認知，這源於人經常活在由慾望的投射而成的想像之中。在愛情面前，人更是帶著眼罩來自賞心中最期待的畫面。

恰恰因為人生經歷不足，感受又會被慾望迷惑，人們難免會想要一套用以觀察關係好壞與端倪及幫忙作出停損的方法。作者提出的辨別方式（如第八～十章）應被謹慎閱讀，誠如他提醒「本書並不是臨床診斷工具，目的也不是進行專業的臨床評估」。而所謂正常或異常的行為表現，許多時候還必須參考其所處的文化、情境脈絡與個體差異，才能作出判斷。

再者，許多事情其實難以被客觀地觀察確認，通過各式嬰兒研究*，心理學家認為人與人的溝通遠不止語言符號與外顯行為，其實非語言的、前符號的、內隱序列（聯想、程序、情緒）的交流一直在個人內和彼此間的意識感知之外進行。

肉眼所「見」若也不為憑，是我們太少動用那些已變得笨拙的感官——無意識知

★ Bach, S. (2018). Some thoughts on trust and betrayal. Psychoanalytic Dialogues, 28(5), 557-568.

* Beebe, B., Knoblauch, S., Rustin, J., & Sorter, D. (2005). Forms of intersubjectivity in infant research and adult treatment. Other Press.

覺，或直覺——去獲取對事情的整體覺察與判斷。在中文裡，有時候不就會用「嗅覺」這已然退化的感官，來形象化理性分析以外的洞察力嗎？好比「我早就嗅出來這件事有貓膩！」

奧地利心理學家佛洛伊德（Sigmunt Freud）曾養了隻叫喬菲（Jofi）的鬆獅犬，他認為這隻狗有嗅出不同個案情緒狀態的能力，繼而作出不同的反應。更厲害的是，佛洛伊德聲稱自己不需要看手錶，因為每當喬菲起身走動或打哈欠時，代表本節治療時間已來到結尾。

希望藉由閱讀這本書，你亦能像機警的喬菲一樣，嗅出人際關係裡潛藏的不良動機或危機，學會說出一句「時間到了！」，教自己轉身離去。

前言

快速掌握對方的心理狀態

我們周圍的鄰里間，總有幾個行為有點古怪、卻又好像無傷大雅的人，像是有人會把自家前院當成戰場，在草坪上豎起「請勿踐踏」告示牌，向附近的頑皮小孩宣告地盤。這樣的人會傷害別人嗎？大概不會。但我們會邀請他來家裡共進晚餐嗎？這恐怕還得再考慮一下。同樣地，那些每天站在街頭，衣著邋遢、不修邊幅、對著人群高舉「明天世界毀滅」標語的人，我們大概也不會想雇用他。

上面這些例子，或許還讓人覺得離我們的生活有點遠。但如果今天換成是來你家的水電師傅呢？他才來半小時，就自己打開冰箱拿飲料喝？又或者，在超商遇到根本不熟的店員，對方直接把手伸過櫃檯，把你剛結帳的東西或找的零錢，硬塞進你打開的包包裡，甚至還擺出一副「不然你想怎樣？」的態度，好像吃定你不敢當場有反應……

這種人會有潛在的危險嗎？如果有，那麼更重要的是——**有多危險**？

情緒狀態怎麼樣算穩定、怎麼樣算不穩定，界線可說既模糊又難以清晰劃分。有些行為乍看之下無害、甚至勉強算得上友善，但實際上，它可能已經是一個危險信號，警告我們：**有些地方不太對勁**。在我們的生活周遭，比我們想像更近的地方，總有一些人看似正常，實則情緒極不穩定。而他們的不穩定，不僅影響他們自己的生活，也可能波及我們。也許他們不會真的揹著槍彈衝進校園製造悲劇，但這並不意味著我們就能放心讓這樣的人照顧孩子、與我們的兒女來往，或是經手我們的財務。

與祖父母輩所處的世界截然不同，如今我們生活在一個逐步無國界化的時代。科技的持續進步改變了我們的溝通方式，也重新定義或抹消了傳統的人際關係界線。透過網路，我們可以隨時隨地與世界另一端的人談生意，彼此的互動幾乎無縫銜接。

然而，這種便利性也帶來了一個關鍵問題：我們幾乎無時無刻不在與人產生新的連結，卻沒有時間（也不會特意花時間）去深入了解對方的背景與心理狀態。在這樣的時代，評估我們身邊往來對象（即使只是泛泛之交）的情緒健康狀況，就變得前所未有的重要。雖然日常互動大多僅止於短暫的交談——例如餐廳服務生的寒暄或外送員的幾句話——但有時這些看似偶然的互動，卻可能演變成長久的友誼，甚至是攸關一生的重要關係。

很不幸、但不可否認的事實是：並不是每個人的內在，都像他們表面看起來的那麼健康和情緒穩定。或許你也曾有過類似的經驗——和某個新朋友或舊識熟稔了起來，但隨著幾個月的相處，慢慢發現這個人有點不對勁。早先看起來沒什麼大不了的怪癖，實際上的真相卻讓人坐立難安，事後只能懊悔當初沒有早點察覺那些警訊，否則根本不會讓這個人進入自己的生活……

沒錯，當我們允許某個人進入自己的生活，不論是職場夥伴還是私人朋友，我們都已經對他投以信任，而這個決定可能會帶來深遠且重大的後果。如果你對一段新關係或舊有的人際關係感到擔心，現在不需要再依賴直覺、第六感或星座運勢來做判斷了。本書將提供一套明確的方法，讓你從見面的第一天起，就能建立對方心理狀態的速寫。

這本書的目的是幫助你學會保護自己和你所愛的人，讓你在情感上、財務上，還有人身安全方面，都能遠離那些現實生活中可能會遇到的情緒不穩定者。避免他們對你生活的侵擾。然而，也要記住，在真相面前，被觀察者的情緒狀態可能比觀察者本身更為穩定。

讀者須知

本書並非診斷工具，也不能作為心理治療或其他任何醫療方式的替代品。它的目的僅用來幫助你評估一個人的整體情緒健康。如果你認為本身或某位認識的人可能有傷害自己或他人的風險，請立即向相關機構或心理健康專業人士尋求幫助。

小提醒

在本書中，「他」和「她」這兩個代名詞會交替使用。這並不表示某個性別比另一性別更容易出現特定的情緒狀況或受到某種影響（除非另有說明）。

第一部

識人第一步：看穿人性的真相

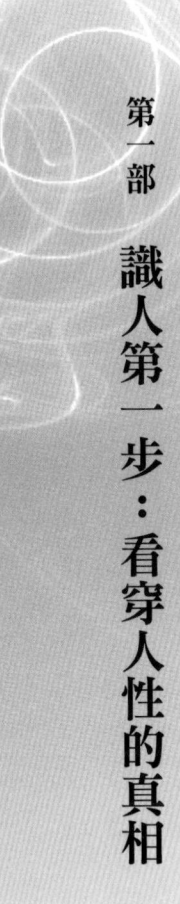

第1章 為什麼情緒會出問題？

不了解這道理的人，必須從經驗中學習並體會，問心無愧使人堅強。

——德國作家安妮・法蘭克（Anne Frank）

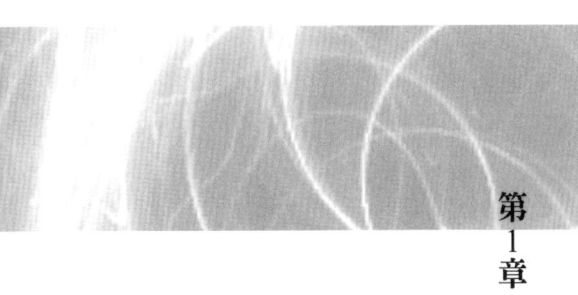

為了獲得快樂、維持良好的人際關係、達到情緒上的健全，我們必須對自己有正面的看法與感受。這意味著我們需要真正地愛自己；這種形式的自愛，就稱為「自尊」（self-esteem）。

自尊從何而來？

在我們每個人的內心深處，都存在著三種內在力量：身體（the body）、自我（the ego）、靈魂（the soul）。這三股力量之間經常相互衝突、拉扯，簡單來說：身體想要做**感覺起來**很好的事；自我想做在別人眼裡**看起來**很好的事；而靈魂想要做**真正**很好的事。

追求安逸、舒適是身體的本能驅力，它可能促使我們過度放縱自己的欲望或渴望（例如暴飲暴食、賴床）。明明知道應該克制，卻還是會為了**感覺起來**很棒而放任自己。

自我的驅力則會表現在各種方面，範圍從拿別人的缺點開玩笑，到買下其實負擔不起的豪車炫富……等等。受到自我驅力的影響，我們會試圖在人前塑造出自以為的理想形象，這些行為的動機無關好壞，完全只是為了要讓自己在別人眼中**看起來**很棒。

當自我的驅動力在運作時，主要會用四種方式欺騙我們：(1) 它會選擇從我們關注的事物下手；(2) 它會讓我們認為眼前的一切都跟自己有關，變得以自我為中心；(3) 它會讓人把所有負面經歷都歸因於自己不好（本人通常不會清楚地感知到，而是直接陷入沮喪或懊惱等負面情緒中）；(4) 它會讓我們相信，可以靠「想辦法」來解決實際上超出自身掌控範圍的情況。

如果我們無法控制自己的行為，一味追求當下的滿足感，或執著於維持外在形象，就容易對自己感到不滿或憤怒，進而產生內心的空虛。這種空虛的狀態會侵蝕自尊與自我尊重（self-respect）。為了彌補隨之而來的罪惡感和自卑感，自我就會開始介入、作祟，讓我們變得過度以自我為中心（egocentric）。

唯有我們能不管當下「感覺」想做什麼（身體的驅力），也無論這些行為在他人眼中「看起來」如何（自我的驅力），真實地做出負責任的選擇、貫徹正確的行為時，才能獲得真正的自尊。這種由靈魂驅動（也就是出自道德或良知）的選擇，能讓我們的視野提升到更健康、更寬廣的層次。自尊與自我呈反比關係，如同蹺蹺板原理：一端上升，另一端必然隨之下降。

在任何情況下，我們都會同時運用情感與理智來應對。然而，當我們用情緒化的視野來看待世界，很容易扭曲自己的思考和理性去合理化自身的情緒、信念和行為。也就是指，人會為了維護自己先前不合邏輯的結論，不惜一切地堅持辯護到底。而自尊越低，就越缺乏客觀性。這樣的思考和視野會變得像孩子般狹隘，過度聚焦在眼前，導致忽略了全局。

試想一個情境：一個小女孩正開心地玩著洋娃娃，她的哥哥突然一把搶走娃娃，在那一刻，她會感覺彷彿天都塌了，她失去了一切。這就是低自尊在成人身上呈現的方式——喪失對整體情況的理解能力。

然而，當我們能以客觀、清醒的態度來面對狀況時，我們就能夠駕馭情緒，而不是讓情緒來主導；此時情緒能夠轉化為驅動我們前進的能量，使我們帶著具有建設性的熱情和幹勁，積極驅動更成熟理性的思考。

衝突的根源是什麼？

身為人類，我們天生就有一種渴望「喜歡自己」的內在驅力。但當我們無法透過好的選擇和自我尊重來滋養內心時，就會轉而向外界索取養分。自尊和自我都建立在「尊重」的基礎上——如果我們無法從內部獲得尊重，就會不自覺地向他人強求，變成一個慣於情緒勒索的人，變得想要控制他人、需索無度；有些人透過討好懷柔達成目的，而另一些人則選擇尖酸刻薄地榨取。無論是哪種方式，本質上都是在綁架他人以換取自身渴望得到的情感滋養。

（需要特別說明的是：這種行為極少是出於有意識的刻意行為。畢竟很少有人一早醒來就想著「我今天要怎麼讓某人的生活不好過」。雖然每個人都要為自己的行為負責，但我們也不應該輕易認定對方心懷惡意。因為當一個人處於低自尊狀態時，他的行為其實是受到本能的驅使，實質上是在渴求被愛與認同。）

自尊低落的人會相信：「只要別人夠在乎我，我就能把他們的讚美與關愛轉化為自愛。」然而，這種透過他人評價換來的情緒贖金，和身體透過天然食物獲取的真實能量不能相提並論，它更像是給情緒吃的垃圾食物，似是而非，無法帶來真正的滿足感，根本填補不了內在需要的滋養。

因此，即使獲得了外界的正面回饋，也依然無法真正感到滿足。因為一個人不愛自己時，他也無法真正「接收」或「感受」到他人的愛。所以，這樣的人會因為感覺不到來自他人的愛，不自覺地破壞這段關係。

打個比方，這就像把水倒進一個沒有底的杯子。當有人持續往裡面倒水時，杯子**感覺上**、**看起來**都是滿的。只要杯子不斷得到注入（別人全神貫注的關愛、尊重或愛慕），這個人會暫時感到滿足，但只要對方停止注水（停止給予完全的關注、尊重或愛慕），杯子裡的水就會迅速流光，而這個人也會回到原來的極度匱乏與渴求之中。沒有底的杯子永遠無法被填滿，內心的需求也永遠無法被真正滿足。就算能夠短暫地感受到滿足，卻缺乏一個能夠盛裝愛的容器。速效的滿足來得快，必定也去得同樣快，最終內心仍會受到內在空虛折磨。

正如世上最有智慧的人之一——所羅門王所寫：「內在的匱乏，永遠無法靠外在的事物來填補。」那些試圖從外界來源尋求自尊的人，永遠無法獲得真正的滿足。他們正是「無底洞」的真實寫照。

當一個人缺乏自尊時，會渴望獲得任何來源的讚美，同時卻又對所有人都感到自卑，不管對方的想法是否真的值得在意。這樣的人甚至會向素昧平生的陌生人尋求肯定與認同。更耐人尋味的是，雖然誰都可能讓我們感到受傷或被冒犯，但被那些我們眼中聰明、富有或有魅力的人否定，通常會帶來加倍的打擊。因為我們在潛意識中賦予了這些特質更高的價值，使得他們的言行對我們脆弱的自尊產生了巨大的、甚至是毀滅性的影響。

一個人必須仰賴他人的肯定來證明自己的價值時，生活便會充滿焦慮、脆弱與不安全感，對別人的每一個眼神或隨口的一句話都過度解讀與反應。然而，當我們擁有健康的高度自尊時，通常不會被那些無關緊要的評論冒犯，也不會過度解讀那些稀鬆平常的對話。

擁有成熟、成人的視野，讓我們能夠去想到：那個好像在冒犯我們的人，或許也被低自尊所困，有他自己的心結和個人問題。我們不會自動去認定對方的言語或行為是故意不尊重自己，即使最後客觀判斷對方確實是刻意冒犯，我們也不會因此感到憤怒。高度的自尊代表我們不需要仰賴別人的尊重，就能夠發自內心地尊重、認同自己。

心懷恐懼會使人的行為逐漸失當

當我們感到憤怒時，某種程度上是因為內心感到恐懼。之所以會恐懼，是因為我們對生活中的某些方面感到失去控制力，例如自身的處境、對世界的理解，或是自我認知的形象。憤怒是對恐懼的一種反應——是自我在試圖彌補內心「感覺到」的失落。事實上，恐懼是所有負面情緒的根源：嫉妒、貪婪、占有欲，更是憤怒的底層原因。一個人在感到受威脅時，會進入情緒上的防禦狀態，而憤怒會強化自我的影響力，讓人產生一種錯覺，認為自己仍然能掌控局面。

而恐懼的根源，往往來自於低落的自尊。這也解釋了為什麼容易發怒的人通常自尊心較低且較為敏感。他們容易和人爭論、固執、易怒，又很難原諒他人，這些行為本質上都是為了防禦內在的恐懼感。

自尊心低落的人會不斷質疑自身的價值，因而對旁人的態度格外敏感。對自身的評價常常隨著「剛剛的表現是否能給別人留下深刻印象」而起伏不定。因此，當有人對他們無禮、讓他們感到難堪，或是態度不尊重時，自尊心低落的人經常會立刻暴怒反擊。

不過，並不是所有人都會讓憤怒主導自己的生活，或是如此明顯地表現出來。人們應對衝突的方式大致可以分為以下四種：

- 接受（Accept）
- 退縮（Retreat）
- 屈服（Surrender）
- 對抗（Fight）

「接受」是最健康的回應。能接受情況的人，不會陷入憤怒，也不會讓情緒支配自己的反應，而是以理性的態度面對問題。「退縮」則是被動攻擊型（passive-aggressive）的典型反應，他們會為了避免衝突而退避或退縮。被動攻擊型的人缺乏足夠的自尊來正面應對情況，所以他們當下會選擇退讓，但會在另一個時間點、用另一種方式報復對方。他們的報復或復仇，可能會以遲到、「忘記」幫對方做某件重要的事，或只是在某些方面給對方帶來不便的形式表現出來。

選擇「屈服」的人，面對威脅會直接放棄、聽之任之。這通常會導致共生關係（codependency），讓自己變成一段人際關係中的「濫好人」或「受氣包」角色，屬於「順從型」的人格特質。這類人的心底認為自己不值得，所以沒必要為自己或自己的感受站出來，同時也預設自身沒有能力爭取個人的主張、需求與期望。第四種可能的反應是「對抗」，這會產生直接且不健康的正面衝突。這種人的反應通常情緒激動、怒不可遏，不惜一切代價也要對抗到底。

事實上，低自尊會引發強烈的潛意識欲望，促使人去苛待、傷害那些關心自己的人。當一個人缺乏自制力（self-control）時，就會更加渴望控制或操控身邊的事物與人，尤其是最親近的人。因為自制力能夠建立自尊，所以低自尊的人會追求自己控制著某人或某事（或任何事物）的感覺。

一切都取決於選擇

我們有多少自制力，決定了我們在各種情況下會感到多麼惱怒、沮喪或憤怒。自制力賦予我們做出更好選擇的能力——這能夠提升自尊，進而縮小自我、擺脫情緒化的視野，讓我們得以更客觀清晰地審視世界。

人們在生活中經歷重大變故時，會產生強烈的情緒反應，但這些反應通常很快就會消退。舉例而言，有研究顯示，中了樂透頭獎的人在獲得巨額財富後，生活反而變得比以前痛苦。過了一開始的適應期後，他們通常不會比中獎前快樂多少，甚至比以前更不快樂（同樣值得注意的是，這項研究還發現，在近期遭遇身體癱瘓的患者，經過六個月的適應期後，與對照組相比，其快樂程度和一般人沒有顯著的差異★）。

統計數據甚至顯示，在樂透得主的群體中，自殺、謀殺、酒駕被捕、離婚乃至破產的發生率異常地高，這被稱為「樂透詛咒」。看在大眾眼裡，多半會覺得這很不可思議——這些人那麼幸運地中了大獎，後來又怎麼會碰上這種事？

畢竟，如果現在馬上對誰問道：「假如你今晚中了一億美元樂透，你是不是就此幸福一生？」絕大多數人都會毫不猶豫地回答：「那當然！」

但問題就出在這裡……

由於正向的自尊在很大程度上來自於做出良好的選擇，因此，對於那些不習慣自我約束的人來說，突如其來的財富或名聲，反而可能會助長他們做出更具破壞性的行為，他們可能會揮霍無度，甚至是更為極端的過度放縱。

當然，外在環境對情緒產生的影響是會波動的，我們都有心情不好和心情好的時候。真正的情緒穩定狀態，是無論我們每天遇到什麼考驗和磨難，都不會因為日常情況而發生劇烈變動。這正是自由意志*的力量與**隨之做出的選擇**，在最後定調了我們情感生活的品質。

在媒體報導或你的親身經歷中，相信大家都曾聽過這樣的故事——有些人擁有得天獨厚的成長背景，卻因為做出一連串極度不負責任的選擇，最後走上了悲慘的人生結局。同時我們也知道，有另外一些人，他們的一生歷經重重挑戰與磨難，仍然能超越最艱鉅的困境，抱著樂觀的決心去迎向未來。

★ Brickman, Coates & Janoff-Bulman, 1978.

＊自由意志是指不受自我、外界眼光所影響，能夠自然做出正確選擇的意志。

重點不在於擁有什麼，而在於如何運用所擁有的

研究結果明確顯示，無論是收入、外貌吸引力還是智力，對情緒健康的整體影響都是微乎其微。研究也已經證明，在情緒健康中，「身體健康」只有近乎不存在或可直接忽略不計的作用。但是，反過來的時候卻截然不同：一個人的情緒問題會嚴重影響身體健康（透過醫師來評估客觀健康狀況時，身體健康和情緒健康之間的關聯性會被大幅低估。在某些情況下，甚至被判斷為毫不相干★）。

雖然大部分心理或情緒問題，都可以歸類在廣義的精神健康障礙（mental health disorders）範圍，但它們確實會對我們的身體健康造成巨大的損害。追根究柢，身心各自為政的概念並不成立，人的精神狀態和身體狀態是密不可分的。也就是說，心理病症對健康會造成不亞於生理病症的影響。

事實上，心理疾病通常會同時呈現心理（心智和情緒）和身體（生物和生理）的症狀。以臨床憂鬱症為例，患者除了在情緒上出現症狀之外，常伴隨失眠、倦怠乏力、食慾變化、體重明顯增加或減輕，精神運動變化（psychomotor changes，如動作遲緩或焦躁不安）等生理變化。

在此仍必須強調，雖然我們一生中所做的選擇，對自身的情緒穩定性會產生深遠的影響，但精神健康障礙的成因是多種因素綜合作用的結果——包含基因遺傳、神經化學、環境壓力源、童年創傷及其他發展因素（請參閱第十三章）。雖然行使自由意志的力量以及它對生活各種面向的影響巨大而不容置疑，但如果一個人的情緒長期呈現不穩定狀態，有部分（在極少數情況下，是全部）的原因，可能是來自於他本身無法控制的因素。

自我毀滅之路

「自我厭惡」與「自我懲罰」之間具有直接的關聯性，它們之間的關聯隱藏在享樂的假象之下。像是暴飲暴食、酗酒、濫用藥物和賭博等自我毀滅的行為，都只是人們分散自己注意力的方式，這樣才能若無其事地逃避檢視人生。

人類生來就會渴望能夠對自身的存在感到滿足，渴望能真心地去愛自己、重視自己。然而，缺乏自我價值感——也就是喪失自愛的能力——最後會導致人格的迷失。如

★ Diener & Wolsic and Fujita, 1995; Diener, 1984; Emmons & Diener, 1985; Watten, Vassend, Myhrer, & Syversen, 1997.

果我們覺得自己毫無價值，就不會投入心力去營造、爭取自己的幸福，反而會轉去尋求那些能填補內心空洞的享樂作為慰藉，好能逃離痛苦。研究結果明確顯示，低自尊與一連串的自我毀滅行為和習慣之間的關聯，包括強迫性購物、酗酒、暴飲暴食。

藉由過度放縱來逃避痛苦是一種殘酷的惡性循環，而且遲早會失控。當自我認同感薄弱時，人們會去尋求即時的滿足感，但那只是短暫又空虛的臨時避難所。這種狀態下的人屈服於衝動，而不是去克服、超越它，不去解決造成內心空虛與痛苦的真正問題，改而尋求速效的解脫。虛假的慰藉和安全感很快就會消散，之後我們會發現自己陷入更加煎熬的狀態。

過度放縱並不是一種應對方式，而是逃避。持續否認現實，最終會破壞我們的情緒、身體與精神健康，讓人苦苦尋找內心的平靜、人生意義與滿足感，長久不得安寧。

比起以往，現代人想逃避痛苦變得更容易了。在以前，人們會審慎地做出更好的選擇，因為一個糟糕的決定所造成的後果會很直接，而且無路可退。但到了現在，有更多逃避現實的手段，讓人能夠心安理得地忽視問題與自身的現實處境。

現代社會裡，哪怕看到一個已經靠輪椅代步、靠氧氣罐維生的肺氣腫病人還在菸不離手，大家可能也不會有多驚訝了。照理說，這個人早該對抽菸的後果有切身之痛了，別提現在還疊加新的危險——氧氣罐與香菸的易燃性……等。明知故犯已是人們生活中的習以為常。

拜科技發展與二十一世紀醫學進步之賜，大眾有了比以往更多的玩具、工具和藉口，能夠用來合理化自身的逃避行為。甚至，連科技本身都已成為一種新的成癮形式，舉凡電腦、電視、智慧型手機……讓人隨時隨地都能進入腦袋放空的狀態，茫茫渡日，種種一切匯集成最受現代人歡迎的「新・大逃避」（The Great Escape）

打包送到府的速效娛樂，讓我們能快速遁入虛擬的世界，電玩、電影、電視節目、社群平台和論壇打造出一個無止境的迷宮，在那裡能遇見許多和我們一樣的同類，輕輕鬆鬆一鍵就能讓人從當下的痛苦中脫離，不去面對過去和現在所做錯誤選擇所帶來的後果，哪怕當下熱衷的東西正是我們在現實生活中做出的又一個錯誤抉擇，可是這樣就不用再擔心一個人的時候會想很多了啊！思考才是讓我們陷入煎熬的罪魁禍首，思考會牽動情感、感受，而每次那些東西一湧上來就是會讓人很難受嘛！

我們想要分散注意力，想要忘記自己是誰、忘記做過的事。我們害怕面對內心，因此不斷尋求外界的干擾來阻擋內心深處發出的噪音。那些來自心底嗡嗚不止的、因憂慮、恐懼、焦躁而發出的噪音關也關不掉，所以人們不斷試著切換到其它頻道。

別想那麼多，吃顆藥就好

現代人不只千方百計地逃避痛苦，甚至變得連一點點不適都忍受不了。肌肉有點僵硬？吞兩顆止痛藥。暴飲暴食導致消化不良？吃個制酸劑就能解決。乳糖不耐症？服用乳糖酶即可。

就算攝取了對人體不好的東西，也不用擔心。便祕可以吃瀉藥、腹瀉有止瀉藥。頭痛？阿司匹靈來一顆。反正有碳酸鈣補充劑可以預防宿醉，現在先盡情喝到爽。

等到有天驚覺：「哎呀！身體出現嚴重的副作用了！」不必擔心，選擇無窮無盡的「藥物接力賽」就行。只要吃下一種藥來對抗第一種藥的副作用就行。止痛藥吃出胃潰瘍？那就多吞幾顆胃藥。胃繞道手術導致腿部血栓？沒關係，再動手術解開就好。但酗酒或過量攝取反式脂肪導致身體的器官衰竭，就像一台舊車的零件陸陸續續壞了呢？不必煩惱，在肝臟或心臟移植的候補名單上排個隊，換上新的人體零件就沒事了啊。

沒錯，現代醫療的確可以重塑我們的身體系統，但同時也大開了濫用之門。大眾已經很習慣地認為，不管對自己造成多少損害，總會有某種解決方法或某個人能解決。何況，就算今時今日做不到，不用多久也一定有新的辦法可想——人類已經被這種想法制約了。

媒體向大眾推送那些號稱能讓生活更美好的新知，不用說，這些廣告背後當然都有贊助商。只要打開電視，幾乎都一定會看到哪個製藥公司的廣告，聲稱能治這個、能治那個：「你或你認識的人有某某疾病問題嗎？試試看這個！某某藥物專治你的……」

循環播放的廣告畫面總是美不勝收：寧靜的夜晚裡，蝴蝶如夢似幻在臥室中飛舞，守護人一夜安眠；新婚夫婦深情對望，親友們滿懷祝福地向他們拋灑米粒，新娘歡欣地說：只需要順從內心的呼喚……

每天，我們都被這些會讓人誤以為生命和健康都能重頭再來的幻想轟炸，彷彿不用去面對人生中的難題，不必艱難地思考成長、不需努力取得身心的健康，不用管時光白白浪費，只要跟隨廣告購買商品，就能得到如廣告畫面般陽光燦爛、健康強壯、幸福美滿的一生。

我們無法違抗這套系統

所謂的「系統」指的是：人類的身心原本就被設計成在遭到忽略、苛待與漠視時，必然會做出反抗。數據顯示，四分之一的成年人患有不同程度精神疾患，其中憂鬱症更是致命，而它的病理機轉和人逃避痛苦的行為模式密切相關。根據美國國家心理健康研究所（National Institute of Mental Health）的數據，美國約有16%人口（約三千五百萬人）患有臨床憂鬱症。

這個系統還會在人的心理發生失調時，不斷釋出新的症狀，每一波新症狀都會比上一次更嚴重，提醒我們那些根本上的問題還未解決。即使短期內人們不認為自己為過度放縱付出了什麼代價，但身心系統的自然反饋會不斷累積，惡性循環之下，到來的反噬會幾何倍數增加。就像負債的過程中，利息能夠或多或少地延遲繳納，但最後清算早晚還是會來到。

不論如何掩蓋、壓抑或稀釋痛苦，痛苦本身都不會因此消失，過度放縱不是應對的方法，只是一種逃避。不管是靠自己還是透過專業協助，唯有重新掌控我們的行為，才能得回生活秩序。改變那些導致人選擇自我傷害的思維模式，才能修復內心的創傷。

◇◆◇

雖然情緒、思想與感受是無形的，但它們仍然會刻畫出痕跡，留下明確的線索。有經驗的心理分析師能夠透過行為與狀態，評估出一個人的心理健康程度，就像受過訓練的醫生能夠透過基本的身體檢查，在某種程度上判斷一個人的整體健康狀況，合理推測對方是否患有嚴重疾病。然而，心理分析師也必須意識到，自身抱有的偏見也可能會影響到診斷結果，這種現象被稱為「診斷偏誤」（diagnostic bias），下一章我們就來探討這個現象。

第2章

誤會與偏見：錯誤解讀他人的行為

唯一妨礙我學習的，就是我的教育。

——阿爾伯特．愛因斯坦

犯罪心理側寫師是如何對素未謀面的連環殺手建立個人心理檔案？醫生又是怎麼根據病患的症狀進行診斷？這兩者都是倚靠解決問題的策略與心理捷徑來高效率地找到解決方案。然而，這些心理捷徑也可能助長認知偏誤，導致人得出錯誤的結論。有時，甚至會反覆陷入相同的誤判。

認知偏誤會導致思考上的謬誤，阻礙我們做出客觀的判斷。偏誤通常是無意識的，超出個人自我覺察或內省的範圍，但卻會滲透、落實到我們的判斷中——哪怕這些偏誤和我們有意識的信念（conscious beliefs）相抵觸，基於偏誤做出的結論也經常難以動搖。

每個人都有天生的偏見。例如，一般人最常抱有的偏見：很喜歡把兩個碰巧同時發生的隨機事件連結在一起，並且認定是其中一個事件才導致了另一個事件。

認知偏誤現象能夠解釋為什麼人總是會「剛好」找到某個能證實自己揣測的東西。換句話說，人大多只注意符合自己預期的資訊，而對那些不符合預期的證據視而不見。當認知偏誤橫亙在眼前，所有的證據和資訊似乎都會乾坤大挪移一番，自動排列成我們心中預期的既有概念或模式，接著我們會就此做出結論、貼上標籤，歸類進大腦檔案室。

不過，這並不代表偏誤就必然是負面的。偏誤是大腦用來建立分類與概念的神經生物學過程之一。它是一種捷徑，並且在許多情況下對人有利。畢竟，我們每天都要解決無數的問題。試想一下，假如每個問題都必須從零開始思考（怎麼使用咖啡機、最快的通勤路線……）那我們一整天下來會什麼事也做不了。

分類是思考與決策的基礎。大腦很熱愛分類，但它在運用分類時卻很懶惰。它寧願把新資訊塞進既有的認知類別中，而不是隨時因應需求建立新的類別。它會不斷尋找人、事、物、各種體驗之間的相似處，試著證明新資訊其實是已知資訊，這樣就能整齊、輕鬆地放進某個熟悉的記憶群組裡。

關於大腦是如何形成一個概念，有「關鍵特徵理論」（critical features theory）、「原型假說」（prototype hypothesis）兩種主要學說。

關鍵特徵理論認為，大腦會儲存一組定義該概念的關鍵特徵清單，一個新目標必須完全符合所有這些特徵，才能被歸類於該概念類別裡。舉個例子，假設「魚」這個概念的關鍵特徵是「有鰓」與「有鰭」，那麼水母該怎麼解釋？它既沒有鰓也沒有鰭，卻仍被定義為「魚」。顯而易見，這種分類方式太過於僵化了。

原型假說較為靈活。它主張大腦會為這個類別或概念建立理想化或具有代表性特徵的「原型」，但需要歸類的目標對象、事、物、狀況，並不硬性要求完全符合原型的所有特徵。

美國精神醫學學會（American Psychiatric Association, APA）發布的《精神疾病診斷與統計手冊》（*Diagnostic and Statistical Manual of Mental Disorders, DSM-IV-TR*）為各種精神疾病的診斷標準做出正式分類，並訂定心理／精神問題確為疾病的標籤。它正可以視為一份心理健康的「原型目錄」。

偏見的形成機制

從解決問題的策略中，可以追溯出偏誤形成的根源。例如，有兩種策略可以幫助我們解決複雜的問題，分別是演算法（algorithm）與啟發法（heuristic）。演算法需要系統性地思考所有可能的解決方案或解釋，而啟發法的解決策略，則是在大腦檔案室中翻找過去相似狀況中曾發揮助益的經驗。

顯然，和啟發法相比，演算法會耗費更多的時間精力。因此，人們經常仰賴啟發法（也就是抄捷徑）來快速解決問題。啟發法確實有助於提升解決問題時的效率，但它也可能導致偏誤的形成，使我們在思考時落入「有罪推定」的思考模式，也就是「在能夠證明無罪之前，都先認定目標有罪」。

大腦會使用「可得性啟發法」（availability heuristic）來評估某件事發生的機率。假如過去曾經歷過某個情境，那麼人通常會高估它的發生頻率。舉個例子，某位刑警正在調查一起女性受害的謀殺案件，如果他過去經手的案件大多都是配偶行凶，那麼他很可能更容易假定這次的凶手也是受害者的配偶，開始積極尋找能證明該配偶行兇的證據。

但實際上，凶手可能是隔壁鄰居，甚至只是一個偶然進入社區、與受害者素不相識的陌生人。這並不是說大腦的過往經驗統計數據不具參考價值（第十一章將深入探討），而是可得性啟發法的問題在於太容易忽視現實狀況，過度依賴過去的經驗數據，做出先入為主的判斷。

同樣地，如果一個醫生經常接觸憂鬱症患者，那麼他在聽到病人陳述如疲勞、倦怠、體重增加、性慾減退等症狀時，會更可能迅速地判斷對方患有憂鬱症。但事實上，這些症狀也會出現在甲狀腺功能低下（hypothyroidism）或其他五十種以上的疾病患者身上。

另外，大腦也喜愛依賴「代表性啟發法」（representativeness heuristic）來歸類其它人。假設某個人被我們的大腦歸入A分類，我們就會預設他身上具有A類別其它成員的所有特徵，而A類別的成員在我們眼中，也必定具有那人身上的特質。也就是說，如果我們對某個群體抱持了某種既定印象，就很可能會草率地對該群體中的個別成員做出帶有成見的判斷，甚至會固執地排斥那些能動搖結論的證據。

你期待什麼，就會得到什麼

偏見會催生、塑造我們的期望。人的內心有一個「基模」（schema，人類用來認知周圍世界的基本模式），幫助我們預測如果遇到某個概念、類別、個人或狀況時，事態會怎麼發展或背後有什麼軌跡。

舉例來說，如果某位醫生對於「注意力不足過動症」（Attention-Deficit/Hyperactivity Disorder，簡稱ADHD）的基模包含了「表現出過動症狀的人一定患有ADHD」的概念，那麼他就會反覆做出ADHD的錯誤斷診。事實上，並不是所有出現過動症狀的人都患有ADHD，也不是所有患有ADHD的人都會表現出過動的症狀。

確實，基模讓我們能夠迅速填補資訊的空白處，但問題在於，基模會受到個人經驗所影響，本身就帶有偏誤。這些偏誤會促使人在填補資訊時，加入錯誤的內容。如果我們用先入為主的觀點來解讀新資訊，可能會只保留符合心中期待的資訊，而忽略掉與預期不符的證據。

最具破壞性的，是這種偏誤所帶來的「漣漪效應」（ripple effect），因為它會進一步強化我們內心的預期。

而「期望法則」（Law of Expectancy）則認為，人傾向於想要活得符合別人對自身的期望。大量研究已經證明期望會對理解與執行能力產生強大的影響，其中包括以下發現：

- 被告知「女生在數學測驗上表現較差」的受試者，確實在測驗中表現較差（Becker, 1981）
- 在所有人都執行相同的任務時，被告知「這份工作很難、很複雜」的工廠作業員，其效率不如那些被告知工作簡單容易的作業員（Rosenthal, 1976）
- 迷宮遊戲中，如果告訴成人受試者「迷宮的難度相當於小學生等級」，解題速度就會明顯較快（Jussim & Harber, 2005）

當專家或權威人士對我們做出診斷或貼上標籤時，我們經常會不自覺地開始展現符合該標籤的行為特徵，而且不分正面或負面。在臨床診斷上，這種現象有如「畢馬龍效應」（Pygmalion effect）的負面版本，又稱為「格蘭效應」（Golem effect）★——簡單來說，診斷本身可能會誘發患者發展出符合診斷的負面特質與行為。

然而歸根究柢，診斷結果只是一組症狀的代稱，而不代表一個人的一切，一個人所包含的遠遠不止他患上的疾病而已。疾病只是生命中的一部分，而不是人的全部。

認知到自身所抱有的偏誤，能幫助我們更客觀、更準確地解讀他人的行為。此外，偏誤還有兩種類型——人格偏誤（personality bias）與文化偏誤（cultural bias），我們將在後續章節進一步探討。

拿著鐵鎚的人，看到什麼都覺得是釘子

臨床醫師的個人特質，會影響他們對心理障礙的準確評估。一項針對基層醫師的研究中指出，心理相關類醫師的人格特質可歸納為三個面向：盡責性（嚴謹性）、脆弱性（焦慮性）以及情感開放性（同理心）。

具高度責任感、秉持嚴謹態度的醫師傾向記錄患者的社會心理狀態及生活狀況，卻較少主動深入詢問——這有可能是時間效率考量，也可能是為了避免觸及憂鬱症、自殺

傾向等敏感議題，在評估與推進的過程中趨向遲疑、保守。心理狀態偏向焦慮／脆弱的醫師有較高機率詳實記錄憂鬱症診斷，但較少與患者們建立互動。具有高度同理心且抱持中等嚴謹性（指不那麼極端嚴謹）的醫師，最容易獲得患者的信任。

文化偏誤

文化會影響一個人的基模結構，也會塑造人的個性。影響的面向包括我們如何被養育長大、被灌輸的價值觀等等，也包括我們所實踐的社會、宗教儀式及更多方面。文化中的社會規範，對人的衣著、用語、行為準則等幾乎所有方面都設定標準，涵蓋了我們在世界上如何表現自己的所有層面。

自然地，文化間的差異不免會產生出誤會與偏見，這也是為什麼人在超出自身文化舒適圈時，很難準確地評估他人的行為。

不同的基模可能導致截然不同的行為模式。如果無法理解他人的基模，或沒有覺知到自身的基模，可能會讓我們輕易地對他人打上某種性格標籤，或對某個群體套用刻板

★畢馬龍效應、格蘭效應，兩者都是指「高期望會導致更好的表現，而低期望會導致表現惡化」。

印象，而不是去努力理解這些行為背後的文化價值觀。

◇◆◇

至此，我們已經瞭解到一些在評估他人時，連專業的心理分析師也很難克服的根本問題，這能讓我們更容易覺知到自身抱持的偏誤觀念。不過我們要做的事比專業心理分析師要輕鬆許多，因為本書並不是臨床診斷工具，目的也不是進行專業的臨床評估。我們的目標只是單純地學習有哪些指標能幫助我們辨識「正常健康的行為」與「異常的行為」。至於如何將這些指標診斷為特定的精神疾病，則需要交由心理健康專業人士進行。

第3章 看穿心理情緒的基礎

我不是特別喜歡現實世界，但這仍是唯一能吃上一頓像樣飯菜的地方。

——喜劇演員格魯喬．馬克思（Groucho Marx）

我們可以在一個人毫無察覺的情況下對他進行評估。這個過程並不需要對方保持誠實、同意或進行自我反省，因為每一種性格特質都帶有無法隱藏的心理特徵。人的情緒狀態會自然地透過行為表現出來，甚至可以說——忍都忍不住。這些明顯而脈絡分明的痕跡，可以稱之為「情緒足跡」（emotional footprints）。

四大心理面向

現今的媒體很常用到「側寫」（profiling）這個詞，好比：種族側寫、心理側寫、個人側寫、信用側寫等等。那麼，什麼是側寫？以本書的目的來說，可以將側寫視為某個人獨特而明顯的特徵列表，而這些特徵會描繪出他的性格樣貌，就好比是一張心理狀態的速寫。

要為某個人建立一份情緒側寫，首先要檢視對方的四大心理面向（Four Facets），這些面向雖然隱藏於內在，但會留下許多觀察得到的情緒足跡。這四個面向分別為：

- 自尊（Self-Esteem）
- 責任感（Responsibility）

- 視野的廣度（Degree of Perspective）
- 人際關係與界線（Relationships and Boundaries）

第一章概述了人性的心理學，這將有助於我們更全面地理解一個人，尤其是目標對象無法完全契合某個固有的評估範本時。

接下來的四個章節會詳細探討這四大心理面向。這些面向相互影響，構建出心理健康的連鎖機制。也就是說，假設一個人在責任感（第二面向）方面存在問題，例如無法控制自己的行為、追求速效的滿足感、或把大量精力放在打造外在形象上，那麼這個人會對自己產生憤怒情緒，進而導致自尊低落（第一面向）的結果。為了抵消心中的罪惡感與欠缺感，自我意識會隨之運作起來，讓人變得以自我為中心。當一個人越是以自我為中心，視野的廣度（第三面向）就越狹窄，他的世界觀會聚焦在自己身上，對外界漠不關心。這種狀態的人會變得敏感易怒，情緒趨於不穩定。長久下來，人際關係的界線（第四面向）會變得模糊，個人的人際關係（第四面向）也會受到影響。

這四大心理面向讓我們在解析一個人的情緒架構（emotional framework）時，能夠迅速勾勒出一個大致上的輪廓，同時間，一連串情境和行為所留下的情緒足跡也會浮現在我們眼前。

舉例來說，第二面向（也就是我們對自己生活負責的程度）反映了一個人的情緒健康。但我們要如何評估一個人的責任感好壞呢？負責可以拆解為守信與可靠，我們能夠相信這個人會言行一致、誠實地做事嗎？他是否會信守承諾，就算遇到困難也會貫徹始終呢？這些都是台面上能夠供人觀察到的行為特徵，甚至可以把觀察到的資訊量化。

在本書的後續章節中，我們將學習怎麼進一步解析觀察結果，「五分鐘心理掃描術」能讓我們透過短暫的互動，快速評估出一個人的心理狀態；接著運用「對話解碼術」深入挖掘對方的心理模式，建立更完整的心理側寫。

第二部

識人第二步：破解人格背後的四大心理面向

第4章

自尊機制：情緒健康的核心因素

自尊是紀律結出的果實，尊嚴隨著自律的能力而增長。

——猶太神學家亞伯拉罕・赫舍爾（Abraham J. Heschel）

自尊的真義，並不是要人變得逆來順受。相反地，自尊讓人能夠清晰地觀察情況，並客觀地做出回應。人只有在自我意識作祟時，才會開始把任何事都看得很個人化，我們會把別人的行為和自己內心的傷痛連結起來。不論別人對我們說什麼、做什麼，一旦我們從同理心轉為憤怒或陷入其他負面情緒反應，就表示我們的視野已經變得狹隘，就像透過一個小小的孔洞讀取世界。

每個人都有「自我」，而自尊並不是「全有或全無」的兩極劃分概念，它像是光譜，具有許多不同層次的灰色地帶。所以，情緒狀態穩定與否，也具有連續性的變化、程度上的差異，以不同的輕重程度表現於外。

人格及人格障礙的形成

事實上，每個人或多或少都有自尊低落的問題。當自尊受損或受到侵蝕，通常會形成三種類型的人格特徵：

- **順從型**（Compliant）：低自尊加上受挫的自我
- **傲慢型**（Arrogant）：低自尊加上膨脹的自我

● **迴避型**（Avoidant）：低自尊加上扭曲變質的自我

當一個人陷入以上任何一種情況中，他的思考視野都會狹隘化，個性中不健康的部分會被最大化，還會在自身特別抱有不安感的層面上表現得更加極端化。重要的是，一個擁有高度自尊的人，不可能同時具有過度膨脹的自我。須牢記，自我與自尊就像在蹺蹺板的兩端；當一方上升時，另一方必然下降。

順從型人格

順從型人格的人通常高度內向（introversion）。在職場或陌生環境、任何不夠熟悉的地方，她多半會顯得格外沉默謹慎，但當她能夠掌握局勢時，順從型人格可能會從原先的保守狀態中短暫地「綻放」開來，在那段感到安全、舒適與自信的期間，甚至有可能表現出外向的人格特質。

這類型的人，遇事總是先道歉，即使根本不是她的錯。而就算心裡不情願，她還是會答應別人的請求，只因為她害怕被討厭或排斥。她很少為自己挺身而出，因為她打從心底認為自己的需求不夠重要，所以不值得捍衛，總之絕對不比別人的需求更重要，這使她成了典型的討好型人格（people-pleaser），也就是所謂的濫好人。

當然，濫好人的行為和利它主義者的行為特徵有一定程度上的相似。不過，順從型人格之所以特別重視別人的需求，是因為想遠離自己原有的問題與生活。

利他與討好，這兩種付出的模式會留下完全相反的情緒足跡，其差別在於「動機」。就像捐款與被搶劫，這兩種情況都是金錢從一個人的手中轉移到另一個人手中，但給人的體驗感卻完全不同。利他的付出帶給人力量，而為了討好做出的付出與犧牲只讓人感受自己的弱小與自尊受損。

出於恐懼或罪惡感的付出，對提升自尊毫無幫助，事實上甚至相反。當「給予」的行為是出自恐懼或罪惡感時，自尊會被拉低。為什麼？因為這個行為並不是在「給予」，而是對方在「取用」。這是在眼睜睜地默許他人剝削、利用自己。

在更極端的情況下，順從型人格可能不只把自己的時間，甚至整個人生都投入在他人身上。她可能認為自己無法在人生中達成任何優異的成就，為了感受到某種使命感，她選擇為別人的目標傾盡一己之力。有時候這種行為看似和一些出於大愛、為人類遠大福祉奉獻頗為相近，但背後的出發點完全不同。

傲慢型人格

傲慢型人格需要（而且是時時刻刻都需要）成為眾人矚目的焦點。這類型的人通常喜歡高談闊論、容易感到挫敗、熱衷抱怨。只要能讓自己在別人眼中顯得更聰明或更優越，他們會不惜去冒犯或刻意侮辱他人。

他極力誇大自身的重要程度，用來掩飾內心深處自我價值感低落所導致的痛苦。與順從型人格不同，他想要得到外界持續不斷的讚美與崇拜，一旦眾人的注意力轉移開來，他可能為此勃然大怒。

在他看來，他的需求永遠比別人的更重要，認為身邊所有人不管在什麼情況下都應該遷就他。由於無法體會他人的痛苦，以至於他待人處事普遍缺乏同理心。

傲慢型人格可能會做出少數或獨獨一次的慷慨行為，好比大手筆請客、贈送昂貴的禮物，但後續很少會再為此付出，尤其是得花一點心思經營的方面。而且他會不斷提醒別人他曾經的慷慨，總是居高臨下地對其它人表現出「問問你最近為我做了什麼？」的態度。

他通常會對競爭行為異常激進，再微不足道的競爭，他都會把個人的價值感寄託在勝負之上。為了彌補內心的匱乏感，他會表現出不同程度的控制欲、自戀、以自我為中心、咄咄逼人，大肆虛張聲勢（虛假的勇敢）。如果別人不感恩戴德地全盤接受他提出的意見和觀點，他就會感到被冒犯。傲慢型人格會強烈要求別人理解並接受他的觀點，即使對方表示不感興趣，他也會堅持己見。他會把對方的抗拒解讀為「對方的自尊心作祟（被他的優秀刺激到了）」，才會固執地不接受他的「正確意見」。

我們會看到這類型的人經常用力敲打、猛摔物品，或強行讓事物照他想要的方式運作。就像他試圖控制身邊的人一樣，他對於無生命的物品也抱持同樣不尊重的心態。

擁有高度自尊的人會尊重他人，並且細心地避免冒犯、惹惱他人或使人難堪。但傲慢型人格沒有尊重他人的意識，因為一個人只能給出自己擁有的東西——如果他的自尊極度匱乏，那他又能拿出什麼來尊重別人呢？

迴避型人格

除了上述兩種常見類型外，還有一種雖然相對少見、但行為特徵非常鮮明的類型——刻意與他人保持距離，選擇與自我孤立的「迴避型人格」。

我們觀察的對象，他的行為是否超出了一般天生的害羞內向？他是否過著與世隔絕的生活？

這類型的人具有自尊低落且極度害怕自己會被評判、批評、拒絕或羞辱的人格特質。他們的極端逃避行為會阻礙他們去尋求真正想要的生活，最後可能會導致諸如廣場恐懼症（agoraphobia）等心理焦慮疾病。

心理學家凱倫・霍妮（Karen Horney）在《我們內心的衝突》（*Our Inner Conflicts*）一書中，對迴避型人格有如下描述：

> 其中最顯著的特點之一，是他對「自給自足」的極端要求。如同其他神經質的行為趨向，他對獨立的要求是具有強迫性的，並且完全不分輕重；他可能對生病懷有極大的憤恨，因為生病會使他不得不依賴他人，這對他來說是一種羞辱；他甚至會堅持所有的知識都必須親自獲取，而不願接受他人陳述或撰寫的內容。
>
> 如果不是走到如此極端的程度，這種人生態度原本可能會造就出卓越的內在獨立特質。任何來自外界的質疑或批評、任何意識到自己並未達到理想形象的覺知、甚至被人看破任何他內在驅動力的真相，都可能讓他情緒爆發或崩潰。他必須嚴格限制自己的生活範圍，以免遭遇這些危險。他必須避免他沒有十足把握的任務。他

甚至可能會對任何形式的努力產生厭惡（因為努力不一定能得到他預期的回報）。

最嚴重的後果，可能是他最終會與「自己」疏遠；他會對生活失去興趣，因為當他不再和自己是一體的，那麼生活也就「不是他在活」；他無法做出決定，因為他並不知道自己真正想要什麼。

這類型的人藐視所有形式的合群、順服或約束的壓力，諸如遵守時間、行程安排，甚至某些情況下的社交禮儀（不得不做出問候）等等。他不願意循規蹈矩，堅持按照自己的節奏來，不願意與外界協調。

自然的循環

這些心態通常不會長久不變。一個缺乏自尊的人，會在自卑（順從型心態）與優越感（產生傲慢或迴避）的人格之間來回擺盪，這取決於當下是哪種人格模式佔據了主導地位。當一個人感到自卑時，負面情緒會向內釋放，以受傷與悲傷的情緒呈現出來；而當一個人處在感覺優越的狀態，所產生的負面情緒會向外發洩，做出憤世嫉俗或孤立自我的言行。

事實上，我們所有人都會不時在這些心態之間擺盪。正如一句老話：「一個人應該在口袋裡放兩張紙條，一張寫著『我輩如塵土』，另一張則寫著『世界為我而造』。」關鍵在於，要懂得**何時該拿出哪一張紙條**。然而，處於缺乏自尊的狀態時，人通常會拿起那張錯的紙條，用錯誤的心態來回應眼前的情境。

偽裝的自尊

評估一個人的自尊程度並不困難，但如果我們不知道該關注哪些特點、忽略哪些表象，就會找不到解析的頭緒。以下是五個關於自尊的迷思以及相對應的仿冒表現，幫助我們辨別哪些行為值得關注，哪些則可能只是誤導。

◆仿冒自尊的一號表現：自負

不要誤以為一個過度自負（過度膨脹的自我）的人真正喜歡他自己。如果一個人過度自負，也就是自我意識過度膨脹，那麼不管他的行為表現看起來有多滿意他自己，其內心都不會趨近滿足狀態。這是一條人性基本法則，也是一個不論在何種情況下，結果都恆常不變的心理定律。

◆仿冒自尊的二號表現：自信

很多人常常混淆自尊與自信，其實這兩者截然不同，區分這兩者的不同，在進行評估時極為重要。「自信」是我們在特定領域或情況中，感覺自己能有效發揮能力的程度。「自尊」則是我們對自己的喜愛程度，以及認為自己值得擁有生命中美好事物的程度。

一個情緒狀態健康的人可能會對自己感到滿意，但不會認為自己面對任何情況都能遊刃有餘（一個人在特定情境下的自信高低，取決於多種因素，包括過往表現、經驗、他人回饋以及與他人表現的比較等）。例如，一個擁有高度自尊的人，本身雖然棋藝不精，但這並不妨礙她喜歡自己。當她和棋藝高超的對手對弈時，或許會表現出自信心下降的跡象，但整體上的自我價值感並不會因此動搖。

一個人之所以會變得過度以自我為中心，不會是她非常喜愛自己，反而更多是來自於深層的自我厭惡。在不熟悉心理領域的人看來，一個想用強調某種特定的特徵或屬性（例如高調立志要成為社團裡最強的網球好手）來提升自我價值感的人，好像**看起來**擁有高度自尊。然而，事情並不這麼簡單，這通常是誤導人的假象。比起頭銜、能力等她所擁有的資產，一個人的自我價值感，受自由意志做出的選擇影響更大。因此，那些看似高自尊的表現，實際上可能只是在某個特定領域內過度膨脹的自信。

◆仿冒自尊的三號表現：「成功人士」的假象

我們無法透過一個人表面上看起來有多成功來判斷他的自尊高低。例如，一位大型律師事務所的合夥人，在一般人眼中或許是成功的典範，但如果他原本的畢生夢想是成為音樂家，而他為了取悅某個人或獲得旁人的關注與尊重，放棄了真正的夢想，那麼他多半並不具有較高的自尊，因為他的決定是出自於恐懼。

相反地，一位生活拮据、經濟狀況不佳的藝術家，或許並不符合傳統社會對「成功」的定義，但如果他正在實現自己的夢想，滿足了內心真實的意願，那麼他反而更有機會能體驗到較高的自尊。如果一個人在做選擇時，仍然取決於外界是否認可或接受，那麼就永遠需要向外在世界尋求情感上的支持與肯定。

◆仿冒自尊的四號表現：是謙遜還是懦弱？

謙遜的態度很容易被誤解為懦弱的表現，事實上正好相反，真正的謙遜是心理強大的象徵，也代表了高度自尊。展現謙遜特質的人多半擁有更高的自律能力，過著更為充實的生活。

而另一方面，自負的人則持續不斷地對外索取。就像一個情緒上的癮君子——被自己無法克服的衝動所奴役，永遠依賴他人來餵養自身脆弱的自尊。

在後面的章節中，我們將會了解到，在檢視謙遜這項特質時必須更加仔細，注意避免「假性的表現」造成誤判。我們觀察的目標對象選擇順從他人，是出於內心真正的意願，還是因為害怕說「不」、覺得自己不夠好、沒有資格堅持自己的立場？我們必須區分出一個人是因為擁有高度自尊而態度謙遜，或者是任由自己受人剝削？後者只是在**表現出**謙遜的態度，好換取旁人的喜愛，或用來減輕內心的罪惡感與自卑感。

◆仿冒自尊的五號表現：「看起來」情緒狀態良好

一般來說，擁有高自尊的人在待人處事上，態度通常令人愉悅且積極正向；但我們不能僅憑單次的情況，就輕易地對他的自尊程度做出判定，因為當下的情緒也會影響自尊的狀態。某個人可能看起來情緒狀態良好，態度開朗、熱情且友善——但實際上，他可能過度自戀、以自我為中心，只是他能短暫地偽裝出親切的模樣。

自尊是我們內在心理狀態的「設定值」，它貫穿了我們整個日常生活。就像空調的溫度設定，自尊的「設定值」有相當的穩定度，無論是溫度設定在稍冷、舒適，還是偏熱，一旦設定好，就不會那麼容易劇烈變動。

與此相對，情緒卻是瞬息萬變的，它可能隨時隨地、每分鐘、每小時、每天都在變化。情緒還會受到外部因素（例如聽到好消息或壞消息）或內部因素（如飢餓或暴飲暴食）而波動。

擁有高自尊的人，如果遭到老闆責罵、車子爆胎，或者在重要的下午會議前等午餐等太久，心情當然不可能太好。但這些負面情況並不會拉低他的自尊，不愉快的情緒也會很快消散。在後續探討「視野」的章節裡，就能詳細了解到高自尊者比較不那麼常陷入惡劣情緒中，即便有，持續的時間也比低自尊的人短暫。

總結來說，我們不能因為某人一時心情低落的表現，就認定他缺乏自尊。也不能因為一個人面帶微笑或者幫助老太太過馬路，就斷定他擁有高自尊。

那麼，我們該如何怎麼判斷？

缺乏自尊的人，可能會過度放任自身的欲望，待人處事卻不甚友善（傲慢型或迴避型心態的表徵），也就是寬以待己、嚴以律人。或者，可能會花費大量時間與力氣去爭取他人的認同與尊重，甚至為此忽略自己的需求（順從型心態導致）。相反地，擁有高自尊的人能在其中取得平衡——給予自己和他人同等的關愛、尊重、時間與關注。

有一條線索特別能清晰地揭露一個人的心理狀態：我們不妨觀察他是怎麼對待那些「他不需要友善對待」且「不需要去經營良好形象」的人，例如餐廳服務生、接待員、大樓管理員等，再看看他是怎麼對待那些能給他帶來好處的人。兩者比較之下，他是努力對所有人都保持一致的尊重嗎？還是只對那些他認為「有用」或能從中獲益的人表現出友善與尊重？

要特別留意那些「雙面人」，這種人的個性和行為表現並不一致。他可能在我們面前和藹可親，回頭對其他人卻未必友善（當然，如果他是對我們無禮，卻對其他人友善，那問題本身就很明顯了）。這種人前人後不一致是一個重要的警訊，這代表他會為了利益而調整對待我們的行為態度——也就是說，他展現在我們面前的行為，很可能只是一種為了特定目的而表現出來的偽裝，並不能反映出他的真實本性。

沒錯，一切都始於我們的童年

透過一個人的童年（以及他成年後）的人際關係，能夠瞭解到他的情緒健康狀態。

假如一個孩子沒有得到充分的愛護與關懷，或是成長在一個充滿動盪與創傷的家庭環境中，使得他對生活總是感到無能為力且失控，那麼他的自尊就會受到負面影響，甚至在他成年後仍然不斷持續傷害他。

孩子的自尊主要來自父母（或主要照顧者）。兒童並不具備成人般經過思考再做出選擇的推理能力，所以無法像成人一樣透過自律、克制來建立自尊。他們對「對錯」的認知，通常要到青少年早期才會明確地建立起來。

孩子的心理狀態處於以自我為中心的發展中階段，常常把父母的行為歸咎於自己。當父母對孩子生氣，孩子會自然地認為「一定是自己有問題」。他會把父母的憤怒解讀為「我不值得他愛」，進而發展成更深層的信念：**我是一個不值得被愛的人**。

試想看看，連一個在充滿愛的家庭中長大的孩子，都有可能形成這樣的想法（這種例子很常見），那麼在家暴、虐待環境中成長的孩子，會有多容易讓「自己不值得被愛、自己有很多缺陷」的結論深植於心。他們會想：「如果連我的親生父母都這樣對待我，那我還能有什麼價值可言？」

如果孩子無法在成長過程中獲得父母或照顧者的愛，或是在極不安定的環境中成長，他們可能終其一生都會無法克制地渴望被愛與被接納。他們一切的努力和付出，都會是用某種方式在尋求那份缺席的愛與認同。這也帶出了下一個影響心理與情緒健康的主題——離婚。

琳達・魏特（Linda Waite）與瑪姬・蓋拉格（Maggie Gallagher）在《婚姻的意義：為什麼結婚的人更健康、更快樂、經濟狀況更好》（*The Case for Marriage: Why Married People Are Healthier, Happier, and Better-Off Financially*）一書中引用了以下統計數據：

即使小心抑制了準備離婚期間的生活特徵★，父母離婚仍然會讓孩子日後出現嚴重心理問題的風險增加一倍。瑞典一項大型研究發現，與來自完整婚姻家庭的孩子相比，單親家庭的孩子在成年後出現心理疾病的可能性高出56％。

最近有兩項來自澳洲的研究，鎖定追蹤了已婚並育有子女的同卵和異卵雙胞胎。研究人員利用雙胞胎相近的基因條件盡可能排除了可能有心理健康的遺傳要素，而研究的結果顯示，經歷父母離婚的孩子罹患精神疾病、成癮問題以及產生自殺念頭的比例明顯較高。另一項針對美國愛荷華州五百三十四個家庭進行的研究發現，父母離婚會顯著增加孩子罹患憂鬱症的風險。

儘管有些孩子能夠順利地適應父母離異或分居，但統計數據顯示，父母婚姻破裂，最後可能導致孩子出現嚴重的問題行為。孩子對於父母間的爭吵或不和諧氣氛十分敏感，而父母怎麼處理日常婚姻中的衝突，會嚴重影響孩子情緒面的安全感，進而決定了未來他建立正向人際關係的能力。有研究指出，破壞性的婚姻衝突（人身侮辱、防禦心、婚姻裡的退縮冷漠、生活中展現悲傷或恐懼）會引發一系列連鎖反應，導致日後孩子情感面的不安全感與適應不良，進一步以憂鬱症、焦慮症或問題行為等面貌浮上台面。

然而，我們也能有另一種選擇。當夫妻在面對婚姻衝突時，如果能透過肢體接觸來表達親暱感，積極投入解決問題，並願意為彼此妥協時，孩子的情緒安全感會因為看見父母之間正向的互動而增強，孩子會把父母之間的妥善互動視為榜樣，從中學習到如何有效解決衝突。

當然，我們也必須考量到，如果父母為了存續婚姻，使得孩子必須長期處於不穩定且充滿動盪的家庭環境中，那麼成為離異家庭的孩子，或許能得到更多的幸福感。

★譯注：意指在孩子面前避免吵架或討論離婚話題、冷漠應對、律師等等，假裝一切和諧。

我們的人生或許確實受到了過去經歷以及身邊人（如父母、老師、朋友）的影響與衝擊，但我們今天的一言一行終歸是取決於自己。當下的人生掌握在自己手中，要選擇沉淪、還是奮力向上？我們今天採取的每一個行動，都在塑造著明天我們將成為什麼樣的人。世界上再沒有比「為自己的未來負責」更大的自由了。

因此，如果我們成年後，仍然將時間耗費在指責他人，而不是為自己的行為承擔起責任，那麼我們的自尊就會因此受損。相反地，無論過去曾遭遇多少困境或創傷，當我們選擇對自己的人生負責，不糾結於困擾自己的過往經歷，我們就會開始為自己的內心注入更強大的自我價值感。接下來的章節中，我們會談到「責任」如何與自尊緊密相連，從而逐步揭示出一個更完整的情感結構。

第5章

責任感：接受還是逃避？

我能抵抗一切，唯獨誘惑例外。

——奧斯卡・王爾德（Oscar Wilde）

人的情感生活品質，與他願意承擔的責任程度成正比。著名精神科醫師威廉・格拉瑟（Dr. William Glasser）在經典著作《現實治療法》（*Reality Therapy*）中寫道：「人們並非因為患病才做出不負責任的行為，而是因為那些不負責任的行為導致患病。」如果我們持續把自己的不快樂歸咎於外在因素，那我們將永遠無法跨越這一步。

為了在情感上成長、在生活上進步，人必須做出改變。然而，放棄熟悉的事物可能相當具有挑戰性。人會害怕失去現在擁有的一切，更難承受失去這一切所帶來的安全感與舒適感。

如果我們預設自己「反正注定會失敗」，那就能以一種「無可奈何」、「我也沒辦法」的角度安於現狀，也不用為選擇退出而有罪惡感。抱著「我都已經三十五歲了，注定結不了婚了」或「所有好點子早就被別人想光了」這類自我設限的想法，就能讓人心安理得地連試都不去試一下。

當情緒健康狀態不佳的時候，除非確定能獲得回報，不然我們會拒絕再投入更多心力。在一項任務的初期，成敗的風險較低，但隨著投入越來越多的精力，人會擔心這些努力是不是會變成「又一個失敗的經驗」，於是迅速地開始找藉口。但是，不斷從一個想法跳到另一個想法的行為模式，會成為一種半途而廢的循環。我們的能力永遠只是短暫的爆發，無法持久。

重複的循環會使人越來越灰心沮喪，因為所投注的心力總是得不到結果。在我們的心裡，不認為障礙是需要克服的挑戰，反而把它當成要規避的危險，以及「該放棄了」的警示信號。於是，只有在保證成功（或至少要有很高的成功把握）的情況下，我們才願意付出努力。而努力的報酬呢，不管那是什麼，它必須能立刻到手，這樣才能產生滿足感。

這種心態會形成極端的人格特質，人會變得沉迷於即時的滿足感，一旦又想要這種回饋感了，就馬上從一項任務跳到另一項任務，從一段關係跳到另一段關係。人甚至可能會主動製造能獲得滿足感的機會，既能夠獲得想要的情緒滿足，享受刺激，卻不必真正面對生活中的一切好壞。

下述的情境會不會讓你聯想起某個認識的人？

就在萬事俱備、準備出門的時候，又得先和鑰匙玩那個老遊戲了——捉迷藏。快速找尋一番之後，終於找到了那串鑰匙。但當我回家，我會注意把鑰匙放在一個好找的地方嗎？當然不會。

說到這個，我平常弄丟的東西還不只鑰匙，有時候連我的車都找不到！我老是忘記要留意車停在哪，明知道這樣會要花十幾分鐘找車，但就是不放在心上。那些絕對不能遺失的證件或文件，也常常是我的搜尋任務的主角。舉凡錢包、皮包、通訊錄、折價券、駕照行照——幾乎所有能夠隨手一放的東西——我都有本事把它們搞丟或到處亂扔。

當然，偶爾的粗心大意或心不在焉是難免的。有時候人在心事重重、腦袋裡裝太多事的時候，再細心的人都可能發生這種小錯誤。但是，如果一個人持續地遺失或亂放有價值的物品，背後的原因可能就不只是單純的健忘了。

「找不到東西」是人為自己創造的「必須克服的小障礙」，而一旦找到遺失的物品，就會獲得某種滿足感。也就是說，在可控的環境中製造出人為的挑戰，並且在克服它之後獲得成就感，讓我們的心情變得比原來好。然而，我們很少會有意識地去剖析這種行為帶來的刺激與滿足。舉例來說：

假設我們正在開車，心情平平，不好也不壞。突然，後視鏡中出現了閃爍的燈光，我們超速被攔下來了。接著就是例行流程：「請出示駕照、行照和保險證明。」結果很意外地，警察只給了口頭警告，沒有開出罰單就放我們走了。當我們重新開車上路時，心情頓時變得特別好，心裡想：「今天也太幸運了！」

但這是為什麼呢？剛剛發生了什麼？我們的生活有發生任何實質變化嗎？完全沒有。我們心情大好，是因為覺得自己在剛剛的狀況裡「打了勝仗」。而這份好心情是隨著勝利而來的情緒回饋。

仔細想想，人在製造這些小挑戰時，絕對不會弄丟心臟病的藥，也不會把鑰匙丟進海裡還期望之後能找到，因為我們之所以犯下那些錯誤，是為了在挽回局面後得到成就感，而我們得真的找回這些東西，讓生活回到正軌，才能享受到這種成就感。

這種主動「製造危機、尋求回饋」的行為，還可能具體表現在一些日常小習慣裡。例如，夾菜時不先把盤子移近，從有點距離的地方夾取；或者倒咖啡時，故意不讓杯子緊貼壺嘴，刻意從較高或有段距離的位置開始倒，有意地製造各種微小的挑戰好在完成後獲得滿足感。畢竟如果沒有咖啡灑一桌的風險，自己動手做事哪有樂趣？

在某些情況下，我們製造這些小麻煩，是在內心深處無意識地想為難自己。罪惡感和自我譴責會驅使我們做出傷害自己的行為（需注意，這種為難自己的行為，是自我毀滅傾向的縮影）。

情感獨立，不是指要我行我素、想做什麼就做什麼，而是指不管當時在情緒上、情感上感覺想要怎麼做，我們仍能不受影響地去做「真正想做的事」。想做某件事，與「感覺」想做某件事完全不同。想要做某事，是運用了智慧、發自靈魂的、負責任的、有意識的選擇。而「感覺」則是基於情感的欲求，有時甚至會跟我們理智上希望做的事背道而馳，而這種內在衝突，只有靠我們去超越衝動才能解決。

假設在節食期間，突然沒來由的「覺得」特別想吃巧克力。我們和這個誘惑拉鋸了一陣子，最後還是屈服了。這是一個人在行使自由，還是被欲望所奴役呢？我們「覺得」想吃，所以吃了，但吃完後那種破戒的感覺真的好嗎？多半並不好。當我們能去超越誘惑、抵抗不恰當的欲望時，就是在執行自律與自制。那時我們才會體驗到真正的自由和情緒上的健康。

自由是自我尊重（Self-respect）的關鍵。當我們違背自然地依附在某人或某事時，很難對自己產生良好的感受，這是一種令人很不舒服、甚至會進一步削弱自我認同的感受。

想要讓自己感受良好，就必須**去做正確的事**，只有當我們能夠做出負責任的選擇時，才能獲得自我尊重，而自我尊重讓我們得以進一步建立自尊。選擇做正確的事，是把自我尊重與自律緊密結合的機制。唯有當我們能夠不受當下感覺或他人眼光的影響，堅持正道，做出負責任的決定，選擇做正確的事時，真正的自尊——也就是心理健康的核心——才能得以建立。

責任感會具體呈現在三種特質上：接受現實、延遲滿足感，以及道德感。以下我們將逐一說明。

承擔責任就是接受現實

當現實的情況讓人不願意接受時，這種脫節會引發一種稱為「認知失調」（cognitive dissonance）的內在衝突。在這種沉重的心理負擔下，情緒健康狀況不佳的人會持續地感到有必要向自己和全世界解釋、辯護自己及自身的行為。他們會竭盡所能，試圖用最不痛苦的方式來合理化自己的選擇。而結果是，出於情緒上的需求，「成為對的那一方」（辯到贏）變得比「做對的事情」更重要。

我們會本能性地保護內在的心理健康，就像我們會下意識地保護自己的身體一樣。當我們的人身安全受到威脅時，會啟動「戰鬥或逃跑」（fight-or-flight）的天生反應。同樣地，當我們的心理健全受到威脅時，則會啟動「接受或迴避」（accept-or-deflect）反應。如果一個人的心智健康強大，面對挑戰時通常會選擇接受並直接應對；但如果心理狀態不健康，他可能會選擇迴避，轉移威脅。

就像身體虛弱的人會躲避體能上的挑戰一樣，轉移、迴避會成為心理脆弱的人的條件反射。情緒不健康的人在面對衝突時會本能性地反應「是你錯了」或「反正我就是這樣」。他們的世界裡很少有「我錯了」或去承認個人應負責任的空間。

這樣的人是在迴避外界壓力以及內在的不安全感，而在迴避的過程中自尊心一再受損，因為心理上自我只能透過接受現實才得以發展。「接受或迴避」反應是人類的情緒免疫系統。對缺乏自尊的人來說，迴避反應幾乎隨時處於啟動狀態，任何事物都會被視為對心理健康的威脅，任何現實事物都被排斥在外，內在也因此無法成長。

每當人拒絕承認自己在某個方面的事實（或者為了自身的不完美而怪罪自己），其實都是無意識地對自己傳遞一個訊息：「我不夠好」。

打個比方，現今的汽車設計，目標是在發生碰撞時，讓車體盡可能地吸收動能，然而，被吸收的能量並不會消失，它會造成車體永久變形，也就是碰撞後產生的凹痕和毀損。當我們與現實發生衝突卻拒絕接受它時，我們的心理就會產生「凹痕」，形成情感上的損傷。

看見自己的不完美並沒有什麼不好，這是誠實而健康的。不過，以健康的心態接受自己的不完美，與固執地聚焦在自身的缺陷上、認定自己一無是處或充滿問題，兩者之間有天壤之別。自我譴責只會不斷拉低我們的自尊。

為什麼聰明的人會做出愚蠢的選擇？

在很多情況下，都有可能看到一個聰明人做出令人驚訝的錯誤決定，而另一個沒他那麼聰明的人卻能做出更明智、更審慎的選擇。事實上，引導人做出選擇的是我們的自尊，而不是智力。自尊與情緒健康相輔相成，而智力和自尊、情緒健康很大程度上沒有關聯。

我們不妨換個角度來看：一位低自尊、體重超標的糖尿病患者，明知道不該拿巧克力蛋糕當晚餐，但她還是選擇吃了。是她的低自尊驅使她做出了這個選擇。在那一刻，她對蛋糕的興趣遠大於對自身健康的關注。在我的另一本書《你可以看穿任何人》（*You Can Read Anyone*）中解釋了這種動機：自尊決定了我們對什麼事物感興趣，或會被什麼所吸引。當一個人的自尊低落時，他的興趣（以及視野）會從長遠目標轉向即時的滿足，只要當下能讓自己感覺好就去做，不願去顧及後果。不管是用於滿足內在心理或外在生理的需求，最有吸引力的都是那些能立刻眼前需求和欲望的選項。

這就像一個孩子，寧可現在就得到一根棒棒糖，也不願意等到明天再拿到五根。顯然，五根棒棒糖是更好的選擇，但孩子不會這麼想。他的關注點很短視、膚淺而狹隘，立即獲得滿足是他唯一在乎的事。

一個自尊低落的人，在情緒上就像那個選擇一根棒棒糖的孩子一樣不成熟，只關心「此時此刻」。目光短淺使他放棄長遠來看對自己最有利的選擇，接著會放棄對別人有利的選擇。這種人，除非是為了滿足自己難以啟齒的自私目的，否則根本不會想要幫助別人。

然而，當自尊提高時，人就會對能帶來長遠滿足的其它選擇更感興趣，也會更加受其吸引。他會在更具意義的目標中找到樂趣，甚至願意為了長遠的益處而犧牲眼前的享樂。

的確，最聰明的人也可能做出最愚蠢、最不合邏輯的事。即使擁有強大的「精神燃料」（也就是智力），卻可能欠缺清晰的目光（視野）來指引車輪往正確的方向前進。智力只夠我們帶著地圖坐上駕駛座，但情緒穩定的最強大副產物之一的「智慧」，才能真正賦予我們駕馭人生方向盤的能力和毅力。

自然界中不存在靜止不變的狀態。「守恆定律」（Law of Conservation）告訴我們，生物體若不成長，便會趨向衰亡。人類的天性被設定為在具備生產力時，會感受到快樂，而這種快樂又與意義緊密相連。所以當我們放棄追求暫時的滿足，做正確的事、追求真正的意義，就會感受到快樂；反其道而行，就會產生焦慮或抑鬱情緒。

因此，抑鬱被形容為「死亡的滋味」一點也不為過。這是因為人的靈魂渴望成長，當一個人的生活沒有往正確的方向前進時，「徒勞無功、原地踏步」的感受，對靈魂而言就如同死亡的滋味。

窩在沙發上看電視很舒服，但沒有意義，從本質上來說，它無法帶來持久的快樂。說得精確一些，做個沙發馬鈴薯所體驗到的並不是快樂，而是「舒適」，也就是迴避了痛苦。如果一個人一心想要逃避痛苦，那必然得逃避真實的生活。

自尊低落或糟糕的情緒狀態會形成隱性的驅動力，促使人去滿足自我意識和身體的欲望、衝動。當人遲遲無法獲得真正的快樂（有意義的快樂）時，就會飢不擇食地抓住身邊任何刺激感，甚至自欺欺人，說服自己相信現在手頭上的事很重要。這種想法能讓人感覺自己也「很重要」，從中獲得虛假的自我價值感。

有人甚至還會為自己熱衷的無意義事物強行賦予意義，企圖說服自己和他人「我所做的事情有很重要的價值」，但內心深處卻明白，這不過是在為自己把時間浪費在無意義的行為上找藉口。

我們越是積極投入生活，生活就會越有意義，體驗也會更加愉快。而越是退縮在短暫的舒適中，或只去追逐由自我驅動的虛幻假象，生活就會變得越不快樂。即使偶爾會覺得自己頗具生產力，看似有所成就，但內心深處仍然會意識到這些追求並不能帶來真正的滿足。不論付出多少努力，只要最終成果本身沒有意義，那份成就感就會轉瞬即逝。只有舒適與好玩是不夠的，我們的靈魂會不斷地鞭策我們，不只是要我們做得更多，還要成為更好的人。

評估他人的行為時，一大關鍵在於他是否願意忍受命運的毒箭與打擊，如同《哈姆雷特》第三部第一場中所說的：

> 生存，還是毀滅？這是個問題。
> 是默默承受命運暴虐的毒箭，
> 還是舉起武器對抗無邊苦難，
> 並通過對抗將它們終結？

死去，沉睡，不過如此；
若一睡能結束心靈的苦痛以及肉體承受的千百種打擊……

莎士比亞所描寫的，正是我們每天面對無數抉擇時的內心交戰：是要面對生活持續抗爭、尋求勝利，還是轉身悖離正確之道，尋求虛幻的快樂作為慰藉？此外，還有第三個更黑暗且令人悲傷的選擇：我們可以選擇結束自己的生命，以逃避折磨。但無論如何，這些就是擺在我們面前的「選擇」。

那些想要立刻得到滿足，呼喊著「我什麼都要，而且現在就要！」的人，情感上缺乏安全感。為了填補不健康的自我形象所造成的空虛，他們想要立刻得到內心的滿足感與充盈感，所以會屈服於身體想要的**感覺起來很棒**的需求，以及自我想要的**看起來很棒**的外在形象需求。

那些揮霍無度或過著入不敷出的生活的人，都是想用物質財產來增強內心低落的自我價值感。然而，積累更多財富終究是白費力氣，無法真正填補內在的空洞。此外，「與鄰居攀比」（Keeping up with the Joneses，指對身邊的任何對象在任何層面抱有競爭心）的行為，是自我搶奪他人自身價值與重要性的一種方式。這種內在的空虛感需要不間斷地填補，而不切實際的外在形象，通常需要耗費越來越多的物質去支撐。

財務上的責任感，絕對不是指一個人要累積多少財富，而是看一個人在消費時是不是能根據自身能力做決定；是負責任地花錢、還是不管後果地隨興花用。能夠量入為出的人，會自律地設定限制，控制心底生出的各種衝動。畢竟，人有衝動是正常的，但總是衝動行事就不那麼健康了。

道德羅盤

狹隘的價值觀和有限的視野根植於低自尊的土壤。當一個人無法超越自身的欲望與需求時，其價值觀就會和個人欲望自動對齊。屈服於欲望不但不可能提升內在的意識層次，反而會拉低了標準。

對待他人寬容與接納，顯示出一個人擁有較為廣泛且健康的價值觀基礎，其健康狀態也會同等反映在生活的其他方面。情緒不健康的人會為了遷就自己的不安全感，趨向於認同道德上有所缺陷的信念與價值觀。任何形式的偏見，都是為了解釋、合理化自己處於不利狀態的藉口，本質上仍然是在迴避承擔應負的責任。

我們在不同程度上都明白對與錯之間的區別。雖然道德並不具體地存在於身體哪個部位運作，但它透過一種我們稱之為「良知」的機制，根植於人類的身心之中。

舉例來說，除了極少數例外，所有人都知道謀殺是不對的，就算這個人是在道德觀念有問題的環境中長大，殺人時內心仍會感到某種不安，讓他知道有些事情不對勁。即使是那些巧舌如簧、強詞奪理的殺人犯，心底也明白自己的行為是錯誤的——某種程度上他們也知道自己並不樂見自己或所愛的親人朋友遭受同樣的傷害。那麼，這種人是抱著什麼心態下毒手，甚至是一再犯案？原因同樣在於，他們不斷地說服自己、合理化自己的行為，最終淹滅了良知的諄諄細語。

話說回來，道德羅盤的真身是什麼？它來自於一個人的誠實、正直與真實，以及這些特質是以健康、還是自私的方式展現出來。例如，善意的謊言可以是人際社會的潤滑劑，而不能作為情緒狀態不健全的判斷指標。因為人們可能會在理性判斷下，用不帶惡意的謊言來保護隱私、避免尷尬，或者防止自己或他人陷入危險，這完全可以理解。況且在某些情況下，絕對的誠實並不是最好的選擇。

然而，如果一個人刻意誤導他人，試圖讓別人相信他是和實際上的他不同的某種人，或吹噓自己並不擁有的成就，這就是操控人心的行為，代表他可能會為了獲得人們認可、建立親和力或獲得信任，就拋棄正直與誠信。

◇◆◇

當我們的行為趨向不負責任時，維持虛假自我形象的需求就會隨之增長。自我會介入，想消弭我們心中的罪惡感和自我厭惡感，於是，自我會縮小我們看待世界的視野。當人變得自私自利、短視膚淺，內心的罪惡感和自我貶低感就會因為壓力轉嫁而看似降低。在下一章中，我們將更深入地探討受限的狹隘視野，是怎麼讓人變得越來越敏感和情緒不穩定。

第6章

視野的廣度：越狹窄，越不健康

悲觀者在每個機會中看到困難，樂觀者在每個困難中看到機會。

——溫斯頓．邱吉爾

人類心理視野的機制非常耐人尋味。它的運作方式是這樣的：

假設有個人在車禍中受了重傷，他必須拚命復健才能恢復雙腿的行動能力，當重新獲得行走的能力時，他心裡會感受到澎湃而長久的感激之情。但是，另一個僥倖逃過車禍的人，心中的感激卻短短幾分鐘或幾秒鐘就煙消雲散。我們怎麼解釋這兩種截然不同的反應？那個沒受傷的人應該比受重傷的人更感到感恩才對，不是嗎？畢竟，沒受傷的人不用經歷痛苦的手術和漫長的復健。

更不可思議的是，一個連緊急打方向盤都不用就避開了車禍（可能還順便免了被灑出的滾燙咖啡燙傷）的人，多半不會萌發任何一點感恩的心情。

一個從慘劇中生還並克服困難的人，長存感恩之心；一個勉強躲過車禍的人，只會感到短暫的感激（甚至後來還變得有點生氣）；而當什麼危險都沒發生時，大家可能只是抱怨一下交通狀況就結束了。這到底是為什麼？

感激之情之所以常常轉瞬即逝，是因為人認為自己擁有的、得到的一切，都是自己理所當然應得的。這是來自人類心中的「權利意識」（sense of entitlement）。如果必須想方設法、穿越戰區才能安全抵達目的地，我們確實會心存感恩。但是，如果這是一趟被認定為不具有潛在安全威脅的旅行，那順利地從A點到B點也沒什麼大不了的。為什麼要為那些早已習以為常、「理所當然」的事情感恩呢？畢竟，那是我們應得的「權利」。

只有當現實與預期發生衝突時，人們才會意識到，那些本來以為不可剝奪的權利，竟然隨時都可能被奪走。行駛路上一切平安的人，安危沒有遭遇威脅，對他而言生活本來就「應該如此」。但是，差點發生車禍之後，他會意識到原先的「理所當然」其實帶有「無法如預期實現」的可能性，習以為常的生活中有可能會發生劇變，因此他會對自己的權利沒有被剝奪產生短暫的感激。而對於經歷了嚴重車禍的人來說，由於後果對其生活造成了更巨大、更持久的影響，他的世界觀和現實已被徹底改變，「行走」不再是理所當然的權利，所以當他重新得到雙腿的行動能力時，他會把這視為一種「恩賜」。

我們對生活的心理視野越廣闊、越深刻，心中的感激之情就會越持久、越深厚。不需要發生什麼特別的事情就能抱有正向的感受，也能夠簡單直接地去欣賞和珍惜自己所擁有的一切。

當我們以自我為中心時，就會因為現實生活不符期待而感到憤怒與沮喪。我們的期望似乎永遠無法滿足，心裡總是糾結於自己欠缺了什麼，或者世界虧欠我們什麼。這樣的心態讓幸福遙不可及，永遠覺得還差一步才能圓滿，因而無止境地追逐下一個看似能帶來長久滿足感、但實則虛無飄渺的目標。

《塔木德》裡提到：「誰是富有的？滿足於自己份內所得的人。」一語道破了人性的深層心理。反過來說，對自己所擁有的一切感到不滿足的人，容易陷入羨慕、好妒、渴望榮譽與尊重的心態，這些都是自我的作用所導致，同時也是自尊低落的明確指標。

整體態度、整體性格與情緒波動

一個心理狀態不健康的人，待人處事時通常會表現出孩子般幼稚的行為。我們要記得時時在心中忖量：眼前這個人在一些狀況裡的反應是否像小孩一樣？像是突然發脾氣、沒來由的亢奮、劇烈的情緒波動、看待事情非黑即白。

他的情緒是否不穩定、忽好忽壞，前一分鐘還興高采烈，下一分鐘就情緒低落？他的心情是否像隨風飛舞的樹葉，反覆在意氣風發和挫敗絕望之間切換？他情緒波動的幅度和頻率如何？一個人的情緒能量出現劇烈的高漲和低落，是評估對方情緒狀態的有用指標，在極端情況下，這種情緒代表了雙相情感障礙（Bipolar Disorder，又稱躁鬱症）或邊緣人格障礙（Borderline Personality Disorder）的可能性。

為微不足道的小事而欣喜若狂，就跟為了一些不著邊際的事情而傷心沮喪一樣不健康。舉例來說，如果有個人不趕時間，也沒有特別要去哪裡，只因為剛好一路綠燈就心情大好，你就該注意了。

無論是頭痛還是腳趾踢到，一個人如果不分輕重緩急地對所有事情都過度反應，很顯然是他的心理視野出了問題。錯過停車位、電影票賣光了、買的樂透都沒中，這些生活裡常見的小小失落，不會讓情緒穩定的人感到困擾，他們不會為此耿耿於懷，因為他們正確地認知那些都是無關緊要的日常瑣事。

評估一個人的情緒狀態時，還有一個問題值得思考——這個人通常都在抱怨什麼？是不可理喻地亂發牢騷（比如他家餐廳的地板刮到了這類小事），還是他的抱怨其實是一種提問，背後有其意義，反映出他正在試著弄清楚他的世界和面臨的困難？

知名心理學家、同時也是理性情緒行為療法（Rational Emotive Behavior Therapy，簡稱REBT）的創始人阿爾伯特．艾利斯（Albert Ellis）提出了三種核心信念，或者可說是哲學觀點，它們構成了人們用來認知自己的窗口。這些核心信念會透過語言表露在外，辨識這些信念可以讓我們更深入了解一個人的內在世界。

根據艾利斯的理論，我們可以觀察任何特定情況，判斷出一個人是否具有（或傾向於）某種非理性的思考模式。此療法認為，非理性信念的核心，是某種刻板僵化、帶有絕對性的要求與命令，這種信念具有某些語言特徵，例如誇大惡劣程度或他人的糟糕程度、愛潑冷水、言辭苛刻、貶低他人、總是以偏概全等等。

例如，當一個人無意識地想把自己綁定在某種明確的立場上時，他可能會用「非黑即白」的方式來解讀世界。但是，當這種極端對立的立場不符合他的利益時，哪怕眼前的事實已經客觀而清晰，他又會突然改口大力支持「灰色地帶」。

更廣、更健康的視野所帶來的益處之一，就是能幫助人辨別生活中的細微差別。在評估的過程裡，我們可以去觀察目標對象的記憶是不是帶有選擇性的，就像一個小孩子會用「你從來就不讓我……」來表達，而不是使用較健康、較公允的說法：「有時候你不讓我……」還有另一個常見的例子：「如果得不到這個，我就絕對不會快樂了！」

使用苛刻的言詞，或是表達意見時態度絕對，同樣代表了對方的核心信念存在某種程度上的問題。好比有些人不會簡單準確地描述「這個時鐘不走了」，一出口就是「這個時鐘爛了！」這幾乎是小孩子般的視野與解讀，讓人聯想到小孩子發脾氣時，大吵大鬧地把時鐘摔壞的畫面。

用字遣詞總是粗暴、刺耳，顯示這個人可能無法常用適當的視野來待人處事。他們會把以前和暴力或破壞相關的體驗，投射到眼前的狀況裡，無論是因為這些經歷讓他們興奮或是深受其擾，他們都會試圖在相對溫和的環境中重溫那些體驗。

例如，像「我膝蓋真的磨爛到見骨了」或「我的表現徹底毀了我們這一隊」這類說法都用了很絕對的黑白對立傾向，同時帶有暴力、誇大的特質。還有像是「我們為行程安排吵得你死我活」或「面試時我批得他體無完膚」這類帶有暴力意象的措辭，乍看之下似乎只是無關緊要的個人習慣，然而它們可能暗示著更深層次、令人不安的問題。

視野與盲點

我們如何認知這個世界、如何回應世界，一切都取決於我們的視野。視野越清晰、越銳利，就越能接受現實，而我們的態度、思維與行為也會更加客觀與理性。

用低自尊的狹隘視野來引領自己探索世界，就像在濃霧裡指引船隻航行，伸手不見五指。當一個人的視野很侷限時，對周遭的人事物的認知會很容易被扭曲，即使擺在眼前的選擇是客觀上明顯正確的答案，這個人仍可能做出錯誤的判斷。換句話說，自尊越低，決策能力就會越混亂不清。而一個人完全失去理智，就等於失去了所有視野，失去了解讀任何人、事、情況的能力。理智（sanity）就是我們的視野，也就是看清現實的能力。

或許你也有過這樣的經驗：你要和一個平日十分聰明的人解釋某件事，卻發現對方完全無法理解。你以為只要用理性的論點，邏輯紮實地把事實解釋清楚，對方一定就能理解我們的想法，並且得出相同的正確結論（當然，我們通常確信自己的看法是正確的），到頭來對方卻可能固執己見，想法完全不合邏輯。

其中一種可能性是：對方並不是根據**邏輯**來思考，所以試圖用道理來**說服**他，只是在白費功夫。他的反應來自於他的感受，所以得出的是情緒化的結論，而不是理性思考的結果。在情緒影響下，他會用狹隘的視野來解讀情況，所看見的並非客觀現實，而是投射了他內心需求與欲望的景象。

事實上，這指的正是那種凡事不深究邏輯、標榜自己「直覺超準」的人（儘管他會自相矛盾地認為自己特別理性），他會說：「看你感覺是怎麼樣，就怎麼做。」和「不要管別的，相信直覺就對了。」這樣的人是用情緒在思考，而不是理性；因此，客觀事實常常與他受自我需求所扭曲的世界觀相衝突。

「他怎麼可以這麼蠢？」我們對此感到憤然困惑，而這代表我們還在試著從他那個毫無道理的結論背後找出合理的邏輯，也就是想要在一個缺乏理性的心理狀態中找到理性。

那麼，諷刺的關鍵來了：究竟誰更不理性？是事實明擺在眼前卻聽不進真話的那個，還是明知對方聽不進去，卻還拼命想對他講道理的人？如果我們會因為對方「就是聽不懂」而感到生氣、沮喪或煩躁，那麼在那個當下，我們比對方更不理性。因為在這個狀況裡，對方可能受限於自身狀態而無法改善，而我們的視野更清晰，可以選擇結束這場毫無效益的對話。

每個人都有各自的盲點，心中都有一個被偏見與非理性填滿的小角落，現實的光芒就是照不亮這些幽暗之處。當看到某人做出我們認為極度不理性的行為，我們被眼前的荒謬情況所震驚，甚至覺得對方發瘋了的時候，是否也存在一種可能——我們只是在各自不同的盲點裡打轉？

下決策與拖延症

想要成為一個能夠下決策的人，重點在於取得情緒狀態的平衡，避免拖延與衝動行事。拖延症是自我最愛的工具之一，它的運作方式非常狡猾而具有欺騙性。

拖延症在生活中很常見，我們每天要完成的任務可能非常微小——可能只要在信封上蓋個章後寄出去、搬開那個擋在腳邊兩個月的箱子、檢查一下語音信箱，或是寄一封感謝信給親戚——但我們就是不做，那些再簡單不過的事總是被一延再延。

我們不去完結這些瑣碎又無關痛癢的小事，反而讓它們一直佔用我們的注意力。事實上是如此一來，我們就能藉故不去思考和處理那些真正需要處理的、緊急的重大問題。

這種行為會不斷交互影響、累積加劇。我們會有意識地說服自己：「我還有更重要的事情要擔心，沒空管這些小事。」日復一日，最終導致我們的生活失控，一事無成。遲遲不去解決小事，是因為想避免面對大事，而大事又因為我們的心思被小事占據而無法取得進展。最後我們感到不堪重負，於是選擇用看電視之類的消極行為把時間耗掉，逃避壓力。

人們常常利用處理日常雜務作為逃避真實生活的藉口。讓小事堆積如山，會讓我們產生一種錯覺，彷彿我們的生活挺豐富、挺複雜、忙碌、小有進展，甚至頗有成就感。我們刻意縮窄了視野，以免因看到現實的全貌而感到沉重。

除了在決策過程中避免拖延極其重要之外，我們還必須確保自己不被衝動所驅使。適度的衝動行為有時可以說是一種積極、熱情和對生活的熱愛，但缺乏自制力可能會導致我們在衝動之下，沒有充分考量後果（甚至完全沒考慮）就輕易做出決定。

理想的平衡狀態是經過深思熟慮後再行動，在行動之前仔細且現實地衡量可能的後果。

靈活度：要放棄，還是奮戰到底？

做出有效決策的第二個要素，是要能放棄生活中已不再有成效或價值的事物。我們從小就被教導要堅持不懈，努力完成已經開了頭的事情。承認失敗並選擇放棄非常困難，但如果繼續把所有時間與精力投入一項沒有前景的事業或追求上，這份堅持注定得不到成果。

很顯然，平衡的視野不只在於要秉持毅力和堅持，還在於明白何時該止損，將精力轉移到更有成效的選擇上。

不健康的情緒狀態會迫使人更積極地去為自己做出的選擇辯護、為自己的行為找理由。我們會發現，哪怕心裡清楚這些東西會傷害我們，卻還是很難捨棄那些錯誤或有害的信念與行為。而高度自尊能夠給予我們情緒能量，敢於放下已經不合乎眼前狀況或已經受情緒扭曲的觀念與行為。

損失規避（Loss Aversion）指的是人類的自我會趨向於避免遭到損失，而不是把重心放在追求獲益。它不只討厭失去，更無法忍受**可能會**失敗或失去。

我們很容易陷入這種損失規避的心理陷阱：

傑克是一名股票交易員，他得到一個「絕不會賠」股票的內線消息。他對此信心爆棚，以至於違反了自己「單一個股投資不超過總資金5%」的原則。早上八點，他以每股二十八美元的價格買入了兩百五十股，總計投入七千美元，佔了他總資金的10%。

但股價開始下跌，他開始冒冷汗……

到了中午，股價跌至二十三美元，他已虧損一千二百五十美元。但他安慰自己：「沒關係，一定會漲回來的！」下午一點，股價跌到二十一美元，損失擴大到一千七百五十美元。但他認為應該繼續堅持，拒絕賣出。「不！現在正是加倍買入的好時機！」他心想，於是又再買入兩百五十股。他幻想著只要股價回升就能立刻彌補損失。它一定行的！一定會漲的！

事與願違。在收盤前兩分鐘，他終於忍痛賣出……價格是每股十六美元。他總共損失了六千七百五十美元。而這一切，都只因為他無法承受「認賠」止損，然後轉向下一筆交易。他如此迫切地想要在這一筆交易中扳回損失，以至於完全無視了繼續留在場內的巨大風險。

可憐的傑克就這麼在勝算極低的現實中，看著股價節節下滑，最後慘賠收場。為什麼理性的人有時會做出非理性的決策？為什麼我們願意「投好錢去追爛錢」？任何一位成功的股票交易員都會告訴你：一旦讓情緒影響到交易決策，就是開始賠錢的時候了。當投資者帶著既定的偏見進場，忽視經驗上的客觀證據，同時一心只想著盡可能彌補過去的損失時，我們稱這種行為叫「追損」（chasing a loss）。

這就是損失規避的第一法則：當我們開始「為了**不輸**而玩」而非「為了贏而玩」，就是在追損了。簡單地說，當我們的焦點放在避免損失，而不是最大化收益時，我們其實已經輸了（這並不是說成功的交易員就一定比虧損的交易員情緒更健康，重點在於，前者能夠認知自己的行為，並且在特定情況下控制住情緒）。

傳統經濟學觀點假設人們是有意識、理性的，能夠掌控自身經濟面的重大財務決策。然而，行為心理學上卻完全不同：我們常常完全意識不到那些驅動我們做決策的潛意識力量。

人在下決定時，會先為不同的選項賦予價值後再做出選擇。然而，一旦在某個選項投入了時間、金錢或精力，那麼不管它是正在暴跌的股票、一段注定失敗的關係，還是一份沒有未來的工作，我們對它的執著會隨著付出程度而加深，而一個注定失敗的投資，很容易引人掉進沉沒成本謬誤（Sunk Cost Fallacy）裡：「我不能現在放棄，否則之前所有的投入就都白費了！」

當然，這是事實，但這和應不應該繼續投資下去無關，因為過去的任何投入本來就已經損失了，這是無法改變的事實。錯誤的執著，有時候只是一種情緒化的拖延戰術，因為我們（自我）不願意承受自己當初判斷錯誤所帶來的後果。

自我是把自我概念（self-concept）與價值觀（values）、行為（behaviors）結合起來的膠水，它對改變前進的方向會產生強烈的抵抗意志。當一個人對某人或某件事已經有所投入，即使這段關係或情況變得讓人難以忍受，自我仍然會阻止這個人抽身離開。假設一個人的視野已經扭曲，那麼他的思考也會受到影響，這可能會形成典型的相互依賴行為（codependent behavior，一種共生關係），這種模式是心理治療師們近幾十年來非常擅長識別的。

現在我們就能理解，為什麼汽車銷售員說要去跟經理爭取我們的優惠時，總是讓人在會客桌前等上那麼久。他們深知：客人等待的時間越久，投入的成本就越多，那麼也就越難放棄這筆交易。

◇◆◇

那些不經意間洩露出狹隘視野和缺乏感恩之心的情緒足跡，能夠幫助我們洞察一個人的情緒健康狀態。正如我們將在下一章中發現的，這些「足跡」會將泥濘帶入我們的人際關係和生活中。

第7章

人際關係與界線：透過邊界感來判斷

沒有人是一座孤島，能夠自全。每個人都是大陸的一部分，是整體的一部分。

——詩人約翰．多恩（John Donne）

我們的生活不僅因人際關係而豐富多彩，更會被人際關係所定義。建立、維持良好的人際關係，於我們的健康與幸福來說無比重要★。雖然我們偶爾可能渴望像一座孤島般享受片刻寧靜，與此同時我們也深知，人不可能永遠不依賴他人、不與他人互動。

即使人們確實偶爾會想逃離人滿為患的社交環境，稍作喘息（像是前往熱帶島嶼度假或刻意與世隔絕），但遲早會渴望與人接觸。我們會逐漸開始想念愉快交談帶來的啟發、從他人歡聲笑語中感染的快樂，或是聆聽其它人說話時的撫慰感。

一個人的生活不僅被人際關係所定義，身為人類，我們的存在本身也是由我們對人際關係發自內在、源源不絕的需求所定義。一個人會從與父母、手足和朋友的關係開始這場長達一生的人際關係之旅。自嬰兒時期起（如果夠幸運），周圍就會充斥著人際關係的親密感、熟悉感與溫暖的感受。我們很早就被推向各種社交場合——鄰居的沙池、幼稚園等等。我們的世界隨著步入大學、真正踏進職場而不斷擴張，生存於現代生活中必須建立起的人際聯繫也會不斷地發展、擴大。

情緒平衡能力會直接影響人際關係的品質，而人際關係的品質又直接影響我們的情緒平衡力。事實上我們會發現，情緒狀態健康的人通常擁有正向的人際關係；相對地，那些看起來和所有人都處不好的人，多半也背負著不少情緒上的問題。

當我們愛一個人時，會自然地希望在情感上和社交上將對方納入我們的生活。為此，我們的內心必須為對方騰出一個空間，讓對方成為我們生活中的一部分。在健康的關係中，既有融合為一體的部分，同時也保有各自的獨立性。但是，如果在一段關係中，某個人完全以自我為中心，那他的內心就沒有空間容納其它人。這就是為什麼我們本能地對傲慢之人感到反感，卻被那些謙遜、願意在關鍵時刻將他人需求置於自身之上的人所吸引。

自尊是所有人際關係的基礎。當我們缺乏正向的自我認同時，所有人際關係都會受到負面影響。隨著人際關係惡化，情緒健康也隨之逐漸走下坡。

「付出」帶來的禮物

樂於付出的人，通常擁有正向的自我形象以及能夠反映出健康情緒狀態的個性特質。事實上，相關研究顯示，當一個人在付出時，特定的大腦區域會更加活躍。付出、

★ Crossley & Langdridge, 2005.

給予等行為確實會刺激大腦，產生生理上的電流反應。

早期有一些研究利他行為與施予的學者曾認為，人們選擇對某些對象或群體施予，是基於自私的動機或為了營造膚淺的善人形象。然而，近來的社會學研究完全推翻了這些理論，證明了真正的付出與利他行為是人類情緒處於極健康狀態下的內在本質★。

一個人擁有越高的自尊，就越趨於完整。付出後得到回饋，是施予行為自然而然的互惠結果。施與受之間結合成一種完美的循環。

然而，當一個人只是一味索取，內心反而只會感到空虛，並且因為得不到真正的充盈而被迫反覆持續索求，有如無底洞。不斷地索取會強化人的依賴性，長期消耗我們的情緒、精神與身體能量。

擁有高自尊的人，具備施予與去愛的能力。所有正向的情緒都源自於付出，然後良好的情緒再以付出的形式從我們流向他人；反之，所有負向的情緒，都是滋生於索取。

我們可以進一步想想欲望與愛之間的差異。當我們慾求某個人或某事物時，腦子裡想的是他或它能為我帶來什麼、能滿足我哪些需求；但當我們在愛一個人時，卻會沉浸在能為對方做些什麼的思緒中。付出、施予帶來快樂，因此我們樂於去實行它。而當我們懷抱的只有欲望，就只會不斷去索取。看到所愛的人受苦時，我們會感同身受；但看到欲求的對象陷入痛苦，心中可能只會想到對方因為痛苦而無暇顧及我們，自己遭到了哪些損失與不便。

回顧童年記憶

在對話解碼專家的眼裡，一個人的內心有如層層堆疊的化石記錄可供考究。而地基是最能顯示出問題所在的部分，也是一切的開端。簡單來說，情緒狀態健康的人很少會在心中對父母抱有許多解不開的強烈憤怒。

一個人如果因為童年時期的情緒創傷，導致長年緊抓著憤怒與負面情緒不放，這樣的人比較難自然地建立正向且有意義的人際關係。我們可能會聽到他們類似這樣的發言：「那些有權的人根本不能信。」

當我們想進一步瞭解某個人時，可以留意他如何談論自己的童年、父母、兄弟姊妹和其他親戚，以及兒時的朋友等等。如果一個人用尖酸刻薄的方式來描述童年或親屬，尤其是如果他使用了強烈、甚至帶有暴力色彩的語言，那麼很顯然地，他有一些心理問

★ Krueger et al., 2001; Piliavin & Hong-Wen, 1990.

題需要解決，這些問題可能會導致他做出爆炸性的行為。

考古學家在正式挖出化石之前，通常會進行多次探測。同樣，當我們在和對方談話時，也要仔細留意那些不易察覺的線索，「對話解碼專家」會細細推敲一個人無意識在談話中流露出的細節。

俗話說家家有本難念的經，沒有哪個家庭完美無缺。那麼，我們觀察的目標是認為自己的家庭比其它人糟糕、還是比其它人好些？要是這個人會對父母大吼大叫，或言語行為上貶損長輩，無疑是一個令人擔憂的跡象。對權威表現出抵觸的態度，也是一個人童年成長環境較為困頓的典型指標。

如果一個人在生活中有少數幾個相處不來的對象，自然無須過度擔心。但如果這個人抱怨的人不只幾個（過去的、現在的人都不放過），言談間常指責他人對自己不好或背刺自己，那麼實際上，問題很可能出在他自己身上。

沒有分寸、毫無邊界感

在經典美劇《歡樂單身派對》（*Seinfeld*）中，主角傑瑞創了一個名詞「貼臉講話者」（Close Talker），用來形容劇中的一個角色，他為人友善，但完全沒有「個人空間」

的概念。這種人在和別人交談時，總是會靠得太近，甚至可能在對方不願意的情況下觸碰對方，對於對方試圖拉開距離的閃避渾然不覺。

每個人都有一個由自己劃定的個人空間防護罩，就像個人專屬的「泡泡」，避免和他人發生過度密切的接觸，當有人侵犯我們的空間時，我們就會感到不自在。雖然在保持距離的概念上，不同文化背景的習慣和可接受的範圍有不同的標準，但這些界線通長不用特別明講，普遍都是受理解與尊重的。

我們或許都遇過個人空間受到冒犯的情況，也就是碰到那種嚴重違反普遍大眾默認的社交距離規範的人。越線行為會透露出這個人的某些問題特質。不管他是出於無知或不注重，但假如我們已經往後退避，或以其他方式明顯表達不適，對方仍然忽略保持讓我們舒適的恰當距離，代表這個人無法體察他人的需求，更糟糕的情況是他不理解，甚至不認同應該保持距離。又或者是最糟的情況，也就是對方明明察覺到了我們的不適，卻故意繼續侵犯界線。

隨著一個人情緒狀態趨於不穩定，會越來越容易出現界線問題。界線問題不只是物理性的身體距離問題。當一個人的自我形象變得模糊不定，那麼心理防線也會變得坑坑洞洞，能夠輕易地被滲透，也會無法克制地洩漏。簡單地說，如果我沒辦法清楚地定義自己是什麼樣的人，當然也就無法準確判斷你該從哪裡開始、我該在哪裡結束。

所謂健康的界線，並不是要把人拒於門外，相反地，界線能劃定出我們的個人空間與個人責任感。在前面的章節中，我們看到了「順從型人格」即使在迫切需要幫助時，也經常無法開口求助，但他們卻沒辦法拒絕別人求助，哪怕是不合理的要求也無法拒絕。他會對別人得寸進尺的要求說「好」，卻開不了口要求對方幫自己一個微不足道的小忙。這樣的人會隨手把零錢丟進互助的「取一分錢，留一分錢」盒子裡，但當自己需要時，卻遲遲不敢伸手拿取一分。

相反的例子是，傲慢自大的人通常對他人的界線毫不尊重。他們不願為自己的人生負責，因此總是想控制他人的生活。他們會經常透過說服、哄騙，或直接貶低、霸凌的方式，來讓對方屈服於自己的要求，進而打破對方的底線。事實上，缺乏羞恥，代表這類人會毫不猶豫地要求別人為自己做他絕不會為別人做的事，儘管他表面上會聲稱自己樂於助人。

我們要記得自問：「眼前這個人面對規則與他人的權利時，是保持尊重、遵守的態度，還是經常違反？」

有時候，我們提醒來訪的客人：「我正在節食，請不要帶蛋糕。」對方仍然帶了蛋糕，因為她認為自己不能兩手空空地上門做客。又或者朋友說他能修好你的電腦，你已經說了不需要，對方卻仍然強行動手，說是「想給你一個驚喜」。這些冒犯真的無傷大雅嗎？或許是，或許不是。

一個具有明確邊界感的人，會願意、也有能力在合理範圍內幫助他人。同時間他也能夠以負責任、直接且不帶操控性的方式向他人請求幫助。

適當的依附與抽離

一段關係的前期如果出現假性親密模式（assumed intimacy），可以視為對方存在人際界線問題的一個警示信號。受自我驅使或具有傲慢人格的人，會試圖操控我們的情緒，不論在私人或職場關係中，他們會用超出正常的速度確立彼此的某種關係（如說服對方認定彼此為戀愛關係），以介入我們的生活。

和觀察的目標交談時，請留意他是否過早開始提及過度私人的話題。才剛開始往來，他是不是表現得太強勢或太積極推進關係？他是不是對我們說的每句話、每個字都追根究柢？初期，這種強烈的關注度也許會讓人感到受寵若驚，但說到底，我們應該要對此提高警覺。對此掉以輕心，可能會讓我們付出慘痛的代價來學習這個教訓。

這種無視標準社交禮儀的往來模式，也代表對方可能對適當的人際界線缺乏尊重。舉例來說，假設你是上司，正在觀察某位員工，你可以注意：通常雇主與員工之間具有（也應該要有）清晰明確的界線，假設有人會故意去越過（或根本無視）這些界線，有可能是自我驅動型人格的潛在指標。這名員工有可能抗拒對上司使用正式的職稱，例如「醫師」或「經理」，因為他認為這會強化出兩人之間的上下從屬關係。

◇◆◇

心理狀態是否屬於健康範圍或是存在障礙，界線既模糊又細微。儘管如此，我們還是希望能夠將觀察結果進行分析。例如新來的同事，他有時顯得不太負責任，但偶爾也挺體貼的，甚至也算有耐心而善良，這該怎麼解讀？

他的正向特質該給予多少肯定？而那些負面行為應該扣多少分？這並不是一個能夠輕易回答的問題。不過，本書接下來的內容會歸納出一套符合大眾認同標準的情緒穩定度層級劃分方法。但請注意，即使是專業的心理醫生也無法做出絕對精準的診斷，而本書中的技巧，是為了讓我們在評估他人的情緒健康狀態時佔得優勢。

第三部

識人第三步：打造情緒雷達系統

第8章

五分鐘就能完成的心理掃描術

人們說，對話是一門失傳的藝術。有時候我真希望這是真的。

——著名主持人愛德華·默羅（Edward R. Murrow）

我們時常都在「看」，但不一定有真正「看進去」；我們隨時都在「聽」，但也不一定有「聽進去」。

真正的「看」一個人，是有意識的、經過衡量的、帶有目的性的觀察。閱讀了本書前面章節後，相信我們應該比以往更能從一個人的言談舉止中，判斷出他是否可能缺乏自尊。例如，我們很明白某些特定典型的特徵——表面上看起是在自誇或充滿自信的行為，往往是低自尊的表現。

有時候，和某個人短短幾分鐘互動，就能獲得足夠的資訊去推斷出他的情緒狀態不穩定。然而，情況並不能總是這麼順利。

這裡必須強調，本書所提供的「心理掃描術」無法完全排除「假性」（假陽性、假陰性）的結論。就拿謙遜的特質來舉例，我們知道，自尊和自我呈反比關係，一個人的自尊越高，待人處事就越不會傲慢自大。但是，假設今天的觀察對象總是逆來順受，對別人有求必應，我們必須注意這不一定代表他樂於助人，他的順從也有可能是因為害怕說「不」，或者內心深處認為自己的感受不值得爭取。我們很難在短時間裡明確地辨識出一個人的謙順是基於高度自尊展現的修養，還是自輕自蔑地任由他人欺壓自己。

我們再看一個例子。一個單純為了想得到關注而努力尋求關注的人，就算他的內心與行為不帶其它目的，也不見得就表示他的情緒狀態健全。就像有些人內心不想融入群體，卻又不得不融入，這樣的人因為害怕被注意到，往往會刻意偽飾，避免外在表現透露出真實的自己。

「心理掃描術」就像是一個篩孔較大的濾網。這個篩網發揮的是最初步的過濾功能，被濾網「卡住」的東西（也就是那些未能通過篩選、顯得異常的特質），幾乎可以確定存在問題。但是，即使某個人的行為完全通過了這個篩選，也不代表他就一定沒有問題。要知道，許多人在一開始看起來都很好相處，他們衣著得體、一表人才，言談舉止沒有任何明顯的情緒問題，甚至對待他人親切有禮，相處時進退得宜。從表面上看，他們可以說是「健全的典範」。所以這個人的行為表現中或許沒有觸發任何警報，但這仍不代表他的情緒狀態健康穩定。因為，一個人越適應社會，就越擅長掩飾自己的缺點。

例如，自戀型與反社會型人格（如詐騙的高手）通常極為擅長營造良好的第一印象。如果他們精於社交，那麼他在認識初期可能會刻意表現出熱情、關懷、慷慨、無私的形象。想想那個連環殺手泰德．邦迪（Ted Bundy），他用友善又溫文爾雅的紳士形象迷倒許多沒有戒心的無辜女性，她們輕信了第一印象，卻因此慘遭毒手。如果這些受害者和他相處的時間再長一點，他那些嚴重的性格缺陷可能就會逐漸暴露出來。

即使是專業人士，同樣會有看走眼的時候。在精神病學的經典著作《理智的假面》（*The Mask of Sanity*）中，美國喬治亞醫學院（Medical College of Georgia）的臨床精神病學教授赫維．克萊克利博士（Dr. Hervey Cleckley）曾深入探討辨識精神病態人格的困難之處，並嘗試闡明精神病態人格的定義：

> 儘管精神病態（心理異常）者內在的情感偏差和缺陷，可能與隱藏型精神分裂症患者的內在狀態十分相近，但在外表上，他既不顯得脆弱，也不顯得奇怪。他的一切表現都顯示他似乎具有極為理想且超凡的人類特質，展現出強健的心理健康狀態。

上述是一個極端的例子，不過我們確實會發現，有很多人能通過初步篩查，但在下一個更深入的測試系統「對話解碼測驗」中，會暴露出較差的心理健康狀況。

實際使用心理掃描術

如果出現以下這些「情緒足跡」，通常代表目標對象具有心理健康問題。當觀察到這些跡象時，我們就應該特別注意。但需要留心的是，其中一些跡象可能來自特定的心理症患，不一定能代表這個人的整體心理狀態。例如，一個對社交默契完全無感的人，他會過度在意細節或出現高度儀式化的行為，可能是因為患有亞斯伯格症候群，也可能與強迫症有關。

◆**透過觀察：第一級特徵**

缺乏專注力：極度容易分心（無法專注，目光遊移，對周遭的聲音或動作過度敏感，且會做出反應）／非常躁動／坐立難安（例如：不停動來動去、抖腳，或不斷捻弄衣服上的棉絮）

衣著不適當：打扮與場合不符（例如：穿低胸洋裝和超短裙參加工作面試，在酷熱天氣中穿著冬裝）／穿著過於招搖（非常華麗、色彩鮮豔的服裝，妝容與髮型過於誇張或過於輕浮）／極怪異的穿著或外表

無精打采：精神不振／漠不關心／消極（看起來動作遲緩，說話或動作反應呆滯）

特殊行為：奇怪或高度特殊的行為（例如：無故不停整理物品，刻意避免踩到地上的裂縫，奇怪、重複性的動作）／說話、姿勢或走路姿態異常（例如：說話語調呆板，

站姿或步伐僵硬、不自然、極為笨拙）

過度戲劇化或表現欲過強：行為舉止誇張／誇大其詞／渴望關注（例如：刻意小題大作、藉由誇張的舉止吸引眾人注意，形容事物時極度誇大，一舉一動總想引起他人注意，無論如何都要成為眾人焦點）

缺乏耐心與包容力：極度不耐煩／要求過高（例如：極度無法忍受排隊，可能會用手指敲桌子或抖腳，大聲嘆氣或翻白眼，等待很短時間就十分暴躁不耐煩，期望他人迎合自己的需求或期望）

◆觀察：第二級特徵

情感疏離：冷漠／冷淡（非常不友善，甚至有些無禮、態度疏遠、不願意互動，但不是害羞，而是不友善，對他人的善意或友好不會以溫暖或友善的方式回應）

妄想、偏執：多疑（極度不信任他人，眼神閃爍不定，不斷環顧四周，拒絕寒暄閒聊，似乎總懷疑別人對他有惡意，防備心過重）

外表邋遢：衛生習慣不好／不修邊幅（例如：鬍子沒刮，看起來好幾天沒洗澡，頭髮凌亂油膩，衣服皺巴巴且骯髒）

◆透過對話：第一級特徵

不自然的溝通方式：頻繁插嘴、打斷對方／過度健談（不讓對方插話，完全主導對話，滔滔不絕）／語速很快，讓人有壓迫感（好像停不下來似的，根本沒法打斷他）／說話音量過大

焦慮不安：情緒緊繃／容易慌亂／焦躁緊張（無法冷靜，神情憂慮，動不動就為小事感到難堪）

言行不當：在和幾乎不認識的人交談時，沒有簡單的鋪墊或開場白就突然作出不恰當的言論，或問出令人尷尬或太過私人的問題，事後也沒有表現出真誠的歉意

不斷提起自己：浮誇／炫耀／頻繁談論自己（例如：總是將話題拉到自己身上，高談闊論自己的成就或自認為的優點，愛提名人來抬高自己，對話間總想蓋過別人、顯得自己更優越）

取悅他人：過於逆來順受／奉承他人／過度熱情地迎合／怕麻煩別人（總是附和他人，即使內心看法、信念或需求不同，也不表達異議，願意做任何事情或奉承好聽的話來博取他人好感）

貶低與挖苦他人：用「只是開玩笑」作為藉口，隨口嘲笑或貶低別人／喜歡聽到別

人遭遇不幸／熱衷散播傷人的八卦與流言

◆透過對話：第二級特徵

缺乏社交意識：無法感知社交默契，行為舉止越界，無法理解別人對其行為的反應（例如：他的行為讓人不適或說話太大聲，其他人表現出明顯不適，他卻仍然毫無察覺，還可能在交談時距離過近，侵犯到對方的個人空間）

性誘惑：舉止過度輕浮／對剛認識或幾乎等於陌生人的對象態度曖昧或親暱（例如：剛認識就態度言行輕浮或過度表達好感，明明不熟，態度卻好像跟你或其它人很熟，例如初次見面就直呼醫生的名字、拍對方的背等等，或是擅自擁抱幾乎不認識的人）

毫無邊界感：聽不見別人對自己說「不」／過於強勢，強加個人意見（例如：主動提出想幫忙，但在對方明確拒絕後仍然不斷堅持，重複拒絕也沒用；忽視對方不願意的態度；強迫別人接受他的觀點，且不接受其它人的意見；對別人的意願一概忽視）

心理掃描結果分析

人的行為極其豐富且複雜，很難用一套固定化的評估系統來界定，尤其是和觀察對象的互動時間通常十分有限。因此，最有效的分析方式應該是將觀察結果歸納為「類別」，而不是給出一個「通過／不通過」的分數。

- 單憑觀察或在簡短對話中，一個人如果表現出兩項第一級的「情緒足跡」，可能表示其至少存在輕微的情緒問題。
- 無論是單憑觀察或在簡短對話中，一個人如果表現出三項或更多第一級特徵，則代表其呈現出一定程度的情緒不穩定。
- 如果一個人在觀察或對話中表現出四項或更多數量的第一級特徵，或至少一項或以上數量的第二級特徵，則需要提高注意，對方很可能具有情緒健康的問題。

特質與狀態

在評估行為時，區分「特質」（trait）與「狀態」（state）十分重要。換句話說，我們需要確認一個人的所作所為，是來自他的人格核心本質，或者單純只是對某種特定情況的反應。人格特質是影響我們的思想、感受和行為的性格特徵。例如一個人的慷慨、害羞和攻擊性都屬於個人的特質。這些特質會伴隨我們一生，這就是為什麼特質在預測某個人未來的行為時具有參考價值。它們是在個人心理上持續存在的特性，而不是對特定環境、情況的反應。

相對而言，「狀態」是一種暫時的情緒狀態，是對特定事件或情況的反應。環境情況不會改變人的特質，但絕對會影響人怎麼去表現出這些特質，像是積極的或消極的反應等等。環境因素可能像火花一樣點燃人的性情（Temperament）。例如一個本身具有攻擊性人格特質的人，在壓力環境下可能會更容易進入憤怒的狀態。所以，**評估一個人的行為時，應該根據該對象當下的生活狀況來綜合考量**。

同時間，**評估應該要保留一定的彈性與例外空間**。某個人表現出上述的某些或所有的負面特徵，有可能背後存在完全合理的原因。比如，這人看起來確實一身邋遢，但那是因為他剛花了三天幫助朋友戒毒，當下還沒來得及洗澡換衣服；又或者，他顯得沒精打采，因為他剛參加完一場慈善馬拉松路跑。不管在任何情況下，評估時都應該進一步探究目標的異常行為是否受到環境原因影響，因為這些資訊落差必定會讓他受到錯誤的質疑。

另一方面，哪怕是心理健康的人，也可能表現出第二級特徵，但必須要足夠說服力的理由才能免去疑惑。例如，那個看起來偏執多疑的人會不會其實是中情局特工，才會這樣偏執多疑？不是不可能，但實在不太可能。

同樣地，某人極力吹噓自己在某些領域的成就，可能並不是出自心理問題，只是努力想讓我們對他印象深刻；而那個對旁人冷漠疏離、愛理不理的人，可能是剛收到了某個讓他難以承受的壞消息。這類情況下，目標的行為反應受到環境情況的支配，是完全合理也能夠理解的。

我們可以看出，心理狀態的變化會使行為分析變得更加複雜。有時，我們對環境的情緒反應只是暫時性的，一旦脫離那種情境或情況有所變化，人的感受與行為反應也會隨之改變。

正向指標

當雙方都處於**狹隘的意識狀態**時，就會發生意見分歧和衝突，在這種狀態下，為了得到情感上的滋養，雙方都在進行索取而不是付出。這就是為什麼兩個人都感到失控時，不可能進行有效的對話，取得良好的溝通結果。

例如，當人在擔心某件事時，特別容易引發爭吵。為什麼？因為他們把太多心思放在一件自己無法掌控的事情上，對情況的無力感讓人份外焦慮（一個相關概念的研究指出，能夠自行控制靜脈注射止痛藥的患者，實際用藥量較少，且疼痛感受較輕。恐懼和焦慮會讓人的疼痛加重，而掌控感能降低恐懼和焦慮）。因此，當人處於焦慮或緊張狀態，無法進行良好的溝通，也無法互相給予，而是被迫「索取」。

在心情煩亂或焦慮的狀態下，視野會越來越狹隘，克服不了自身的需求，無法客觀理性地看待情況。同樣地，正在承受身體疼痛的人，也會難以看到他人的需求。例如，偏頭痛會產生無法控制的疼痛，處於這種情況時，人會更容易感到煩躁或憤怒。

在情緒低落時，人的挫折感會加重，容忍度會隨之降低。幾乎任何人在情緒正向的狀態下都能夠變得溫暖、善良和慷慨（但如果對方在心情愉快時，行為表現卻不是如此，請正視這個警訊）。話說回來，情緒健康的真正指標是——**就算處於情緒或身體不適的狀態下，仍能以耐心和包容的態度去回應負面情況**。

此外，情緒健康的人更容易看到他人無禮行為背後可能存在的原因，廣闊的視野讓他即使身處困難的情境中，仍能保持同理心與憐憫心。他也能認知眼前的困境並不代表世界末日，即使後續發展依舊不如意，他也不會耿耿於懷，更不會把自己放在受害者的立場上怨天尤人。

在這個指標上，幾乎不存在「假性」判斷，因為即使是討好傾向的順從型人格，在心情低落時也很難保持耐心。因此一般來說，當一個人在負面情境下仍能夠展現穩定、包容的態度來待人處事，通常可視為這個人情緒健康的指標。

◇◆◇

接下來的章節是較為進階的內容，其中所羅列的行為表現特徵，適用於更熟悉與互動頻繁的人際關係。

第9章

從對話中看出異常徵兆

智者說話，是因為他們有話要說；愚者說話，則是因為他們想說。

——柏拉圖

人類的行為有時可能會前後不一致，也可能對某些情境有出人意料的反應。這些行為、反應很容易被誤解，甚至被過度解讀，但事實上，即使是心理最健康的人，也可能會有獨特的特殊行為。這時候，「對話解碼術」就有助於減少誤判。

稱職的對話解碼專家能夠在恰當的時機提出適當的問題，還能把獲得的資訊和自己所理解的「四個面向」結合解讀。就像是保險業根據信用評分來決定是否提供保險。雖說信用評分與保險範圍並無直接關聯，但統計數據顯示，信用記錄越健康，提出理賠申請的比例就越低，準時支付保費的比例高。相反地，信用紀錄不佳，或幾乎沒有信用紀錄，那麼他加入保險所需的保費就會比旁人高，甚至可能被拒絕投保。

這個模式同樣適用在行為與情緒模式裡。比方說，如果這個人會定期為汽車進行保養、每三個月準時更換機油，那他也更可能會定期看牙醫、定期進行健康檢查。簡單來說，這個人對於維護汽車穩定行駛抱有足夠責任感，這和照顧自己的健康、確保身體高效運作之間可能存在關聯。雖然頻繁地看牙醫可能也代表對牙齒過度重視，但一般而言，這仍可以歸類在負責任的表現中。

為了構建出更準確的個人特質評估，可以試著對目標提出不至於暴露意圖的問題（或敘述句）。承襲前面的例子，我們可以這樣說：「我朋友非常討厭看牙醫，他一直拖延檢查，結果現在需要做口腔手術。你能想像嗎？」

和人討論一個與他本人不直接相關的主題時，對方的回應通常會反映出他的價值觀。在這個問題上，較不負責任的人可能會開玩笑地說：「這聽起來很像我，我已經好幾年沒看牙醫了！」相反地，如果是一個重視責任的人，就有可能會回答：「這就是為什麼我每六個月就去洗牙，因為我不想有牙周問題。」

再舉個例子，假設我們想要確定某人是否具有同理心，一個對話解碼專家可能會聊起近期的悲劇新聞，像是：「你有聽說那家人的事嗎？他們的兒子從伊拉克回來，結果在機場回家的路上發生車禍去世了。」一個具有同理心的人大多會同情地回答：「啊，簡直無法想像他父母會有多難過……」或者「這太嚇人了，好可怕的悲劇！」另一方面，欠缺同理心的人對別人的故事通常無動於衷，多半會用冷酷或實事求是的角度敷衍地結束掉這個話題：「只能說生死有命，生活本來就不公平。」

我們也可以若無其事地提出敏感議題，再透過後續的對話來解析對方的初步反應。這些問題不要帶有太明顯的意圖，沒有人會喜歡感覺像一隻被釘在板子上仔細觀察的昆蟲。精心斟酌措詞的簡短對話，更能夠在對方不設防的狀態下獲知他的思維。敘述時要注意對話前後銜接，真正要問的問題應該融入自然的一般對話中，才不會勾起對方的防備心。

當我們不那麼直接地用其他人或某個情況來導入問題，對方的回答或反應通常會透露出他真正的想法。但請記住，對話解碼專家的目標並不是診斷精神疾病，而是建構出一個足夠可靠的評估檔案，好讓我們能確定這個人的情緒狀態是否健康。

那麼，什麼才是「正常」？

在沒有明顯的精神疾病跡象（例如幻覺或自殺企圖）的情況下，臨床心理醫生要區分「正常」與「異常」行為仍然是相當艱鉅的挑戰。到底是從哪個點開始，怪異的行為就成了心理疾病？

一般來說，當一個人的行為開始造成嚴重的個人痛苦，影響他在家庭或職場中的正常發揮時，可以肯定地說，他很可能存在嚴重心理健康問題。但同時也要注意，心理障礙造成的痛苦與損害有程度大小之分。

一個古老的謎語是這麼說的：「你最遠能走進森林多深？」答案是：「一半。」因為當你走到森林的中心，再往前就是在走出森林的路上了。衡量心理健康時，看的是森林的中心點——也就是平衡與適度。任何行為或態度，不管原本多令人敬佩或多麼合乎道理，一但走向極端，都會開始進入不健康的境地。

比方說，整潔是一種美德，但如果一個人對潔淨的執著變得極其苛刻，原本的愛乾淨也就成了強迫性且不健康的行為特徵。表現出某種程度的開放和接納都是正向、健康的特質，適當的謹慎、保留也一樣，但如果把這兩種特徵行使到極端程度，我們同樣會成為那個可疑的對象。

又或者說，喜愛運動也是正向、健康的特質，但如果會硬拖著受傷的腳也要堅持每天跑步鍛鍊身體，這顯然不是個好徵兆。極端行為會讓人陷入危險境地。而幾乎所有的優秀特質都有過了頭的不健康對照組，例如：

- 熱情是正向的，而疏遠或冷漠不是——但熱情過頭、變成過度黏人就是不健康的。
- 勇敢是正向的，而畏縮不前不是——但勇敢過頭、成了厚臉皮就不健康了。
- 果敢有決斷力是正向的，而優柔寡斷和猶疑不定就不是——但太果斷了就是剛愎自負，這不健康。
- 靈活變通是正向的，而不知變通和固執則不是——但缺乏堅持就成了隨波逐流，是不健康的。

- 信任他人是正向的，而偏執多疑則不是——但盲目交付信賴的天真是不健康的。

接下來，「對話解碼術」可以更進一步，擴展為「行為態度解碼術」，透過更多層面的觀察，來找出對方的「心理足跡」（也就是行為特徵）。這套方法就像一面濾網，可以用它篩選出不健康的極端表現。我們在評估對象時，要先確保這是他常態的態度與行為。如果他的一些行為特徵被濾網篩出來，那麼該項行為特徵就不會得到正面評價，甚至要打上-2分；如果篩出來的行為特徵還算溫和，就-1分。

行為態度評分表

使用說明：這裡會以提問的方式列舉出十四項心理足跡（行為特徵）。以下的每個問題，都請根據對方展現該特質的頻率與積極性來進行評分。

評分方式：舉例來說，在第一項「正直」中，如果對方總是信守承諾，那麼評分為+1；如果大多時候如此，則不增不減持平為0；如果偶爾才會守諾，評定為-1；如果幾乎做不到，就是-2。

❶ 正直

問題：他是否堅持遵守自己的承諾？諸如履行約定、幫助有需要的朋友。遇到事情時，他是會堅持到底，還是總會有各種莫名的「意外」使他沒能完成？

待人處事是否正直	
經常／頻繁／習慣性如此	+1
主要／一般／通常	0
有時／偶爾	-1
很少／偶爾／不常	-2

是否過當的注意點：堅守承諾是好的，但若眼前正在進行的事或情況已經不具意義或發生變故，他會不會死腦筋地不願意調整計畫或改變主意？

❷ 誠實

問題：他是一個言而有信、值得信賴的人嗎？當他借了某樣東西後，是會準時且完好無損地歸還，還是總讓人追著要他償還債務或履行承諾？當他面對可能對自己不利的情況時，是否依然看重真相？或者他會選擇說謊來讓情況對自己更有利，甚至佔他人的便宜？

待人處事是否誠實	
經常／頻繁／習慣性如此	+1
主要／一般／通常	0
有時／偶爾	-1
很少／偶爾／不常	-2

是否過當的注意點：謊言本身是錯誤的，但在某些情境下，卻有所謂的「善意謊言」，例如當妻子詢問她的新髮型如何時，即使心中並不喜歡，你還是回答「很好看」，這樣的回應不僅是恰當的，更是一種健康的人際應對方式。多數人會認為這樣的選擇很明智。相反地，如果一個人為了堅持說真話，不顧他人會受到傷害，毫無顧忌地直言不諱，顯示出他的動機並非出自誠實，而是缺乏同理心與換位思考能力。

❸ 對社會規範的尊重

問題：大多數人都曾碰過一些讓人覺得不便的社會規範，比如某些道路上的限速過低等等。然而，健康的人即使不認同，仍然會遵紀守法。這個人是否尊重法律與秩序，認同社會結構與文明？還是他漠視社會規範，認為自己不需要遵守法律與規則？

是否尊重社會規範	
經常／頻繁／習慣性如此	+1
主要／一般／通常	0
有時／偶爾	-1
很少／偶爾／不常	-2

是否過當的注意點：尊重規範無疑是好的，但如果一個人因為害怕後果，而不接受任何一點點變通，甚至連最微不足道的規則都不敢違反，這顯示他對權威可能有過度或不成比例的恐懼。

❹ 個人責任感

問題：這個人會不會按時支付信用卡帳單並量入為出？還是他對花錢粗心隨興或不負責任？他下決定前會不會瞻前顧後？還是他會選擇從事高風險行為（像是無保護措施的性行為、賭博等），在遇事時顯得判斷力不佳，對自己和他人的安全不夠重視？他做事會審慎思考、衡量後果後再作決定，還是更像是個做決定時魯莽衝動的人？

是否具有個人責任感	
經常／頻繁／習慣性如此	+1
主要／一般／通常	0
有時／偶爾	-1
很少／偶爾／不常	-2

是否過當的注意點：量入為出是理智的，但如果一個人吝嗇到連提供自己或家人最基本的生活必需品都不願意，這顯示他具有不健康的金錢觀念。成長意味著要去抓住機會，但如果一個人因為恐懼未知而無法讓自己審慎衡量、做出明智的決定，這顯示出他

既害怕生活、又害怕死亡，那麼他已經陷入消極的心理狀態。

❺ 人際責任感

問題：他是否對所有人都盡量做到禮貌和尊重，還是會對那些他認為「不重要」的人（如服務生、計程車司機或店員）表現出無禮或居高臨下的態度？他是不是只對那些與他社會地位相當或更高的人表現出友善熱情？

是否尊重每一個人	
經常／頻繁／習慣性如此	+1
主要／一般／通常	0
有時／偶爾	-1
很少／偶爾／不常	-2

是否過當的注意點：保持禮貌和尊重他人無疑是正向的人格特徵，但過於順從的人是典型的「討好型人格」，會為了取悅他人而犧牲自己的尊嚴與自尊。例如在餐廳遇到

餐點沒煮熟的情況時，他會有禮但堅定地要求更換，還是默默地吃虧？他會容忍自己被不公平對待嗎？一個心態健康的人應該能夠在必要時公開表達自己的需求，並在不願意幫忙時說「不」。

❻ 情緒核心（Emotional Core）

問題：擁有健康自尊心的人不會因過度的讚美或批評而動搖。這個人能夠從容應對各種情況，還是容易感到受冒犯，習慣性地將所有負面發展歸咎於自己？他是否容易誤會或錯誤解讀他人的行為？對自己感知到的侮辱、輕視或批評會不會反應過度？他是一個有耐心的人嗎？

不會對小事耿耿於懷	
經常／頻繁／習慣性如此	+1
主要／一般／通常	0
有時／偶爾	-1
很少／偶爾／不常	-2

是否過當的注意點：這裡沒有過當的標準。不管出於什麼目的或原因，能夠在任何情況下保持冷靜的人，情緒穩定度都相當高。不過，以極端例子來說，假如對最惡劣的冒犯或自身的不當行為都不產生情緒反應的人，那麼他有可能是患有某種嚴重的心理病症，使他無法體驗真實的情感。

❼視野

問題：這個人能夠平衡地安排生活裡諸事項的輕重緩急嗎？還是他容易放大小事，卻忽略了真正重要的事？你認為他能清楚分辨事物的重要程度嗎？或者他的生活中老是充斥著混亂和危機，總有接二連三的意外，經常四處找人幫忙解決問題？

待人處事具有平衡的大局觀與視野	
經常／頻繁／習慣性如此	+1
主要／一般／通常	0
有時／偶爾	-1
很少／偶爾／不常	-2

是否過當的注意點：擁有信心和樂觀態度，相信事情最終會有好的結果，這無疑是健康的表現。但是，如果一個人對生活的挑戰完全缺乏忐忑或興奮等情緒反應，把無動於衷包裝成樂觀豁達，可能顯示出這個人無法真正投入生活，甚至可能患有憂鬱症或其他情感疏離方向的障礙。

❽ 對待外表的態度

問題：這個人是否推崇整潔和得體的外表，同時理解外貌不等同於自己真正的價值？或者他會過度在意自己的形象，太看重別人對他的看法？他會不會為了某個微不足道或自認為的小缺陷而反應過大？或是無法展現完美的形象就會感到非常不安或沮喪？

不會過度沉迷自身外貌	
經常／頻繁／習慣性如此	+1
主要／一般／通常	0
有時／偶爾	-1
很少／偶爾／不常	-2

是否過當的注意點：一個對維持自己外表完全沒有興趣的人，可能正受到各種情緒問題的困擾。適度關注自己的外貌，簡單得體地打理外表是正面的表現。然而，忽視個人形象到損害尊嚴的程度，就是不健康的表現了。

9 面對生活的態度

問題：這個人是滿懷感恩，還是總期待得到更多？他是一個不斷責備和抱怨的人，還是對生活中一切大致上感到滿足？在遭遇挫折後，他仍然能去享受生活中的美好嗎？或者他對未來惴惴不安，等著下一場災難發生？

是否常懷感恩之心	
經常／頻繁／習慣性如此	+1
主要／一般／通常	0
有時／偶爾	-1
很少／偶爾／不常	-2

是否過當的注意點：不管是正面或負面的情緒，過度膨脹或亢奮（像是毫無保留地大肆發洩情緒或異常興高彩烈）可能是情緒不穩定的跡象。情緒有高低起伏是自然的，但極端情緒的頻率與極端的程度，是評估時的關鍵因素。

⑩ 自我表達

問題：這個人在外表、言語和行為上是謙遜有禮，還是表現得過於浮誇、自傲，樂意讓所有願意聽他高談闊論的人迅速親近，一心誇耀自己的才能和成就？

是否行為謙順、態度謙虛	
經常／頻繁／習慣性如此	+1
主要／一般／通常	0
有時／偶爾	-1
很少／偶爾／不常	-2

是否過當的注意點：謙虛是好的特質，但如果一個人會因為恐懼或威脅，改變自己

穿著或生活方式，那麼他的退讓或順從就不是自由意志做出的決定，也不具獨立思考能力或情感自由。

⑪ 邊界感

問題：這個人能夠清楚認知在不同的人際關係裡，哪些事能做、哪些事不能做嗎？他會不會對初次見面或關係不親的人提出不恰當的要求？他懂得互相幫忙、互相回饋，還是大多只接受而不付出？他對規定、隱私權以及他人的權利，是會保持尊重還是經常越線？

是否保持良好的邊界感	
經常／頻繁／習慣性如此	+1
主要／一般／通常	0
有時／偶爾	-1
很少／偶爾／不常	-2

是否過當的注意點：保持邊界感是一種健康的心理特質，但一個健康的人也應該能不受自尊心或尷尬感這些自我意識困擾，在需要時適時尋求幫助。例如，如果某人感到胸口疼痛，卻因為擔心被人說是大驚小怪，而不肯讓人叫救護車或諮詢醫生，那麼這樣的行為已經失去理性。

12 人際關係——過去的經歷與模式

問題：這個人是否擁有長期且穩定的朋友，或者他身邊的朋友都是短暫或淺薄的關係？他談起自己家人時抱持什麼樣的態度？不論是兄弟姊妹、父母，他對曾經發生的衝突自認有一部分責任，還是家庭問題的態度僅止於埋怨和失望？

對人際關係的態度是否健康、正向	
經常／頻繁／習慣性如此	+1
主要／一般／通常	0
有時／偶爾	-1
很少／偶爾／不常	-2

是否過當的注意點：評估這一點時，應該依據觀察到的實際情況為準，不能僅憑此人對自己人際關係的描述。有些人自認為是「全世界的好朋友」，他愛所有人，同時認為所有人也都愛他。這樣的人可能對自己在人際關係中的形象抱有過於理想化、甚至是扭曲的錯誤認知。

⓭同理心或嫉妒心

問題：如果一個人的情感狀態，通常會傾向以下兩項特質——缺乏同理心與容易產生嫉妒心——的其中一種，那麼無論是哪一種，都是情緒不穩定的重要徵兆。因為情緒健康的人，通常能在面對自己需求的同時，仍保有對他人處境的敏感度。

一個人能不能把他人的需求放在自己之前？當自己正遇到困難或度過艱難時刻時，還能不能為他人的成功感到高興？能夠超越自身面臨的困難，關注他人的幸福，這是一種情感健康的表現。當然，所有人都具有程度不一的自我中心意識，尤其是面臨挑戰時，情況會更加嚴重。此時，專注於自我的程度以及持續的時間，特別能反映出情緒狀態的問題所在。

是否同理心高於嫉妒心	
經常／頻繁／習慣性如此	+1
主要／一般／通常	0
有時／偶爾	-1
很少／偶爾／不常	-2

是否過當的注意點：同理心是正向的特質，但有些人會對他人的痛苦敏感地表現出極端共情，這可能是因為他們無法正視自身的痛苦，因此透過沉浸在他人的痛苦中，來代替面對自身的痛苦，藉此逃避走向健康的自我反省。

14 順其自然，各自安好

問題：這個人是否極難從拒絕或挫敗中恢復？如果一個人無法放下過去，甚至是更糟糕地想尋求報復，這些都是情緒不穩定的跡象。當他做錯事或傷害他人時，會迅速道歉嗎？如果他受到傷害，他能不能原諒對方？能夠放下自尊心，適時道歉或寬恕他人的人，具有較高的情緒穩定度。

願意道歉、原諒，讓事情過去	
經常／頻繁／習慣性如此	+1
主要／一般／通常	0
有時／偶爾	-1
很少／偶爾／不常	-2

是否過當的注意點：有句俗話說：「騙了我一次，是你錯；騙了我兩次，就是我錯。」能夠原諒並繼續前行是一種健康的表現，然而，無底線的「原諒」是對自身遭受的反覆虐待或冒犯視而不見，顯示出自尊心的低落。這樣的人不夠愛自己、重視自己，因此無法設立合理的界線來保護自己。

行為態度評估結果分析

如前一章所述，最有效的分析方法是評估之後靈活地整理我們的發現，而不是僵化地進行分類。因此，這份評估分析的目的，不是要把某個人歸類為特定的心理疾病或診斷，而是對他的情緒輪廓做出整體性的了解。此外，這份評分表以簡單實用為主旨，省略掉許多複雜的細節計算，讓任何人都能輕易地進行評估。

「正常」並不是一種大趨勢，也不是一種短暫的流行，更不是一種告訴人們應該這樣才對、應該那樣才對的新興群體思想。「正常」這個概念其實很難明確界定，但沒關係，我們不需要繪製出正式的多軸診斷圖表，也能在看到明顯的偏差時辨認出來。

- 情緒極度健康的人：得分+3或更高，且不會出現任何極端行為（得分–2或做出「過當注意點」所列的行為）。
- 情緒相對穩定且健康的人：得分介於–1至+2，通常不會表現出極端行為（得分–2或做出「過當注意點」所列的行為）。
- 我們許多人都有些神經質——甚至可以說，人們有點神經質已經成為新的常態。因此，一個人出現一兩種極端行為（得分–2或做出「過當注意點」所列的行為），他可能仍然在一般範圍內，即使嚴格說起來這些行為不算健康。一般人的得分範圍是–7至–2。
- 如果觀察目標的多數行為都符合評分表中明顯負面的特徵，甚至程度更嚴重，那麼我們必定已經走進警戒範圍了。得分介於−8至−12的人，至少有輕度的情緒問題。

● 得分−13或更低，表示極有可能情緒狀態出問題了，甚至可能患有心理疾病。

◇◆◇

以上這份評估分析，是預設觀察對象不存在輕微或嚴重的負面意圖。接下來的章節會討論哪些特定跡象需要無條件劃分到負面評估範圍。

第10章

當警報響起：識別危險度

佛洛伊德說過：煩惱或問題總是接踵而來。

——知名演員羅賓・威廉斯

從臨床上來看，「危險」是一個相對的概念。確實，「危險」可能指的是涉及人身安全的威脅，但更常見的是，它代表某種可能為我們的生活帶來壓力和複雜性的有毒關係，這種關係帶來的傷害有時比身體上的傷害更可怕，也更難以察覺。

需謹記，警報響起不一定表示這個人懷有惡意或不良的意圖，任何正在遭受情緒困擾的人都值得我們給予充分的同情與善意。如果是我們的家人或親密朋友在行為表現上出現了問題，那麼最好的幫助方式就是引導他們尋求專業的協助。

警告標誌：危險 VS 越界

在本章中，我們將使用高爾夫球場上標示邊界的旗號系統作為警告標誌。在高爾夫比賽中，紅旗表示球落入了界外的危險區域，導致一記罰桿；而裁判揮舞白旗則代表球已完全出界，將受到更嚴重的罰桿。

接下來的分析練習，就是要學習辨識出這些「旗幟」，並判斷它們所代表的危險程度。每當建立起一個人的檔案時，我們找出警告標誌，審慎地自問：對方的行為是輕微的危險（紅旗），還是已經明顯越界（白旗）？以下是一個辨識紅旗與白旗的情境範例：

假設你的朋友邀請你去一個你並不想去的地方。你已經說了「不想去」，但這位朋友仍然不斷說服你改口說「好」。他的行為有兩種不同的可能性：

- **紅旗（輕度危險）**：這位朋友可能只是希望你能走出家門，體驗不同的事物。冒一點風險，能得到更大的收穫，他認為這樣對你有益（至少他這樣主張）。以這個情況來說，他的行為有點過了，但這種程度的積極強勢在現階段還不算太嚴重的問題。
- **白旗（非常危險）**：著名的安全顧問、同時也是《恐懼的禮物》（*The Gift of Fear*）的作者加文·德貝克（Gavin de Becker）說：「如果一個人拒絕接受別人對他說『不』，這是一個強烈的危險信號，指出我們正處於危險之中。」某個人刻意忽視我們的拒絕，是因為他試圖控制局勢，或是不願放棄對整個狀況的控制權。雖然情況的嚴重程度可能有所不同，但如果對方完全忽略我們的意願和感受，強行推翻我們的拒絕，這就是一個明確的白旗信號。

正如本書不斷強調的，現實不會是非黑即白，**必定存在灰色地帶**。警報聲的響聲或大或小，但總有一種警報聲，一旦響起就響徹雲霄，直達外太空。

讓我們來看看一些更明確的「危險」與「越界」行為的具體例子。試著想像，假設有個人無法忍受挫折或失望，一發生爭吵就容易爆發攻擊暴力行為。旁人稍微提及一些讓他感到不愉快的事情，他就馬上情緒失控，或經常做出打人、摔東西等暴力行為，那麼他很可能已經「出界」了。

再舉一個例子：想像一個喜歡獨處，並且對社交與感情等人際關係毫無興趣的人。我們知道，內省與自我探索本身是健康的行為，有些精神面向更成熟的人確實會選擇長時間的獨處，但封閉社交的反社會行為不能被視為正常狀態。如果某人有疏離傾向，這可能是一種「危險」（紅旗）；但當對方的言談和行為舉止越來越奇怪、越來越偏離常軌時，那他可能正在朝「出界／越界」（白旗）的方向發展。尤其是開始出現虐待行為（虐待行為本身就是危險與出界的指標），那麼情況就更加嚴峻了。

如果對方出現任何方式的言語虐待，請注意，根據統計數據，肢體虐待通常會隨之而來。雖然不是一定會惡化到肢體暴力的程度，但發生的可能性極高。何況，言語虐待對受害者造成的精神、心理面的傷害，與身體上的虐待同樣嚴重。因此，這是一面即將成形的白旗。

例如，某位同事看起來有點孤僻嗎？他是否對外界過度敏感，或者正與其他同事的關係陷入困境？一個不擅長與他人相處的人，初步看來可能只是警示的紅旗，或許並無大礙，然而，當我們開始更深入了解這個人的個人生活和工作以外的活動時，我們可能會意識到，他的行為實際上已經預示了更嚴重的白旗。

又例如，如果有個人對他的職場環境感到極度不滿，同時認為自己受到不公平或不公正的待遇，並對此表現出強烈的反彈，那麼在我們收集到更多資訊之前，這還在僅需要提高警覺的紅旗範圍。但這樣的人很有可能變得更加危險，如果他的言詞變得更加激烈，可以說白旗已經近在眼前。

你會發現，初步觀察所給出的紅旗信號，經過「對話解碼術」以及更多一點時間的觀察後，那些最初你以為的紅旗，實際上是真正的白旗。

多重危險信號

在許多情況下，單獨一個紅旗可能還稱不上危險，但當兩個或更多紅旗同時出現時，情勢可能很快就會升級為白旗。例如，這個人最近是否遭遇了財務或個人危機，像是破產、分居或離婚？他是否有保護令、監護權爭奪或其他家庭法庭的訴訟糾紛？如果他已經表現出一些紅旗行為，那麼再增加一個壓力或痛苦來源，就可能使他情緒崩潰，演變成更嚴重的問題。

任何紅旗行為一旦與低自尊結合，很可能會迅速升級為白旗。比方說，這個人遲遲無法在職場上晉升而感到越來越挫敗，如果他一直以來都為低自尊所困擾，缺乏自信，那麼情況很可能迅速從紅旗惡化為白旗。如果一個人不斷抱怨，對所有人、事、物都感到厭倦或疲憊，已經陷入非黑即白的極端對立思維，此時他身上可能會同時出現多個紅旗。

藥物濫用是無庸置疑的白旗。然而，大眾對於「多少酒量才算酗酒」或者「哪些藥物是非成癮性處方藥、軟性毒品或危險麻醉品」常常有不同的看法。但有一點是確定的：如果有好幾個人都在勸阻某個人的藥物成癮問題，而這個人卻持續無視外界勸阻，那麼他早已越過紅旗區，進入了白旗區域。

那些令人不安的行為，例如忽視自我照顧、放任環境凌亂、刻意迴避看牙醫，以及頻繁忘記約定，發展到後來都可能讓一個人進入紅旗範圍。

如同我們之前討論過的，處於這種狀態的人可能會試圖「製造」幸福感，或透過刻意設計的人為方式來「感受」到自己還活著，例如：濫用藥物、危險駕駛、混亂的兩性關係或順手牽羊。一個紅旗變成兩個或多個，那顯然已經處於需要高度警惕的「白旗」狀態。觀察到一個紅旗或許還不足以立刻做出判斷，但多個問題結合起來，必定會使情況從危險狀態升級成完全的「出界」。

最後，要提到那些警示燈瘋狂閃爍、警報聲尖嘯不止的危險信號，也就是完全地、嚴重出界的行為。自殘、毒品與酒精成癮、有計畫的自殺行為，這些毫無疑問是白旗警訊。認真地談論要怎麼傷害他人，尤其是因為覺得自己沒受到尊重（不論是實際如此還是個人主觀感受）而計畫進行報復行為，同樣視為絕對的白旗。遇到這些情況，就不需要再尋找其他的危險徵兆來佐證了。這個人顯然已經處於嚴重失控的狀態，需要立刻獲得專業介入與協助。

發現問題，而非貼上標籤

如果你打高爾夫球，一定熟悉「規則 27」（rule 27）——也就是「球遺失」或「球在界外」。有時我們以為自己揮出了一記漂亮的遠射，結果卻怎麼也找不到球。它到底去哪了？

在人生的賽場上，我們身邊也常有朋友遇到類似的狀況：他們偏離了常軌，不知怎地誤入了「樹叢」、掉進了「障礙區」，甚至可能已經完全「出界」。我們或許還得和朋友一起離開平坦的球道，走進茂密的草叢尋找遺失的球，期盼它沒有落在界外。同時，我們也會在心裡嘀咕：「我到底是有多神經，才會在應該專心進行自己比賽時，耗時間去找一顆別人遺失的球啊？」

事實上，高爾夫的規則27對這種困境提供了相當務實的處理方式。在接受一桿罰桿（可類比心理上被判白旗的情況）後，球員應該盡可能在靠近原球上一次被打出的地點，打另一顆球。換句話說，就是接受處罰後重新來過，球出界時也是同樣處理。這打出的第二顆球稱為「暫定球」，用來讓球員在狀況不明時仍能繼續推進比賽。

在評估一個人的行為是否代表情緒不穩定時，很難劃分出清楚的界線。後續即將探討的紅、白旗行為，是要引導我們發現問題，而不是為對方貼上診斷標籤。我們要評估的是對方情緒穩定（或不穩定）的程度高低。

精神病（Psychosis）通常比精神官能症（Neurosis，又稱神經症）更讓人擔憂——精神病是三級警報，而精神官能症是看症狀的嚴重程度，通常僅為二級或一級警報。而且如前所述，大多數人都有些許神經質傾向，但絕大多數人可不會有些許精神病。

那麼，精神官能症與精神病之間又有什麼區別？

精神官能症可以理解為焦慮、不安全感和非理性恐懼的狀態。具有精神官能症傾向的人，難以適應和應對變化，通常也無法發展出豐富、複雜且令人滿意的人格。精神官能症傾向可能會以憂鬱症、焦慮症（如強迫症、恐懼症、社交焦慮症）呈現，甚至某些人格障礙，如邊緣型人格障礙（BPD）或強迫型人格障礙（OCPD）等等。

另一方面，精神病是和現實脫節，特徵包括人格錯亂、妄想和幻覺（稍後在討論白旗行為時，會更深入探討精神病的表現方式）。

心理疾病通常可分為自我失調（Ego-dystonic）與自我協調（Ego-syntonic）。使自己感到不安和不舒服的行為、想法或感受，是出於自我失調。人不喜歡這些症狀，也不想保持，所以會讓這個人傾向於尋求治療，好解決困擾自己的行為。但人格障礙通常歸屬於自我協調類型，也就是說，從患者的角度來看，他的想法、行為和感受都是他身分認同的一部分，即使其他人都認為他患有心理障礙，他也會拒絕接受現實，並認為問題一定是出在其他人身上，不會是他自己。一個人如果認為自己的行為是正常和可以接受的，他尋求治療的可能性就相對較低。

著名精神科醫生托馬斯・薩斯博士（Dr. Thomas S. Szasz）就簡潔而幽默地總結了其中的區別：「那些受自己行為所折磨而抱怨的，通常歸類在精神官能症；那些用自己行為折磨他人、然後被別人抱怨的，通常歸類在精神病。」

三種等級的警示信號

以下是關於警示信號的綜合概述。每種信號都按嚴重程度排列：三級警報是情緒極度不穩定的最強烈指標，而一級警報相對不需要過度緊張。

請牢記，本書不是學術論文，也不能作為正式的診斷工具使用。以下列表並未詳細涵蓋所有心理障礙類型，也沒有列出臨床醫生在診斷每種心理疾患時所使用的完整診斷標準。此處討論的警報系統，雖然按類別進行分組，仍然只是一份評估大致情緒穩定程度的指南。

白旗提供了一個基礎概念，幫助我們更敏銳地察覺情緒不穩定的跡象，也能協助我們早期確認與該對象建立關係的潛在風險。此外，當這些指標出現在我們自己或是親近的家人朋友身上時，它能促使我們更積極去尋求適當的幫助。

白旗：三級警報（高度危險）

三級警報傳達的訊號是：**有些事很不對勁**。所有表現出這些行為的人，都迫切需要得到立即的專業幫助。

◆妄想性思維

抱有毫無現實根據的非理性信念，而且固執、不肯改變。在極端情況下，這個人可能表現出極誇大妄想的態度，聲稱自己是名人、神明或先知（如美國邪教領袖查爾斯・曼森〔Charles Manson〕）。這類誇大妄想可能與精神病、自戀型人格障礙、重度躁狂症狀有關。

妄想症患者通常具有高度的自省能力（但方向卻是偏誤的），且沉迷於幻想中。我們可以檢視一下，回想此人是否抱持魔力信念（magical thinking，是指一個人相信自己的想法、願望或儀式能夠影響現實世界的事件，即使缺乏合理的因果關係），這種想法會反應在他們的行為上。他是否會在巧合裡看到因果關係？例如認為是自己按了車子喇叭，紅綠燈才會「神奇地」變綠。壓力經歷和創傷有時也會驅使人去相信一些不可思議的事。

很多人都會有點迷信，但這個人的生活可能已經完全被毫無事實根據的想法支配，在某種程度上，他已經失去了辨別哪些事情自己能控制、哪些無法控制的能力，對因果關係的看法是扭曲的。

◆精神病

簡而言之，就是與現實脫節。當一個人與現實失去聯繫，便會出現精神病狀態。思覺失調症（schizophrenia，舊稱精神分裂）就是精神病行為中最極端的例子之一，患者可能會聽到、嗅到或感覺到他人無法察覺的事物（幻覺，實際上根本不存在），並對一些明顯錯誤或虛假的事物堅信不移，像是堅持自己是一個國王，或認為有惡魔在跟自己說話。

在諸多類型的幻覺中，被害妄想（Persecutory Delusions）是最常見的，這個人通常認為自己受到折磨、欺騙、嘲笑或跟蹤。再來是思想廣播（Thought Broadcasting）、思想插入（Thought Insertion）和控制妄想（Delusions of Control）。例如，此人有思想插入的幻覺，他會認為「有人在我腦中植入了某種思想，我的想法不是我自己的」，或是有思想廣播的幻覺：「其他人都會聽到我的想法」等等。

精神病也可能合併發生在其他障礙的背景下（例如嚴重憂鬱症、產後憂鬱症）。這些精神病特徵可以和情緒同步（例如，一個極度憂鬱且充滿罪惡感的男性，可能妄想自己犯下了滔天大罪）或「情緒不同步」（例如，一個憂鬱的女人認為自己受到美國中央情報局的迫害）。

情緒同步的精神病特徵包括從個人缺陷、罪惡感、疾病、死亡、虛無主義或活該受懲罰等典型憂鬱主題衍生的妄想或幻覺。例如，罪惡感妄想可能會讓一個人認為是自己導致了某位親人的死亡。活該受懲罰的妄想，可能讓患者認為自己是因為某些道德過失而受到懲罰。疾病妄想可能包括認為自己患有癌症或自己的身體正在腐爛。對憂鬱症的患者來說，幻覺通常是短暫的，而且整體內容不像嚴重精神病（例如思覺失調症）患者的幻覺那麼複雜。

◆解離

指一個人的意識、記憶、身分認同或感知的正常整合功能出現紊亂或瓦解。這種知覺上的紊亂可能是突發性或逐漸形成的，可能是短暫的，也可能是慢性狀態。在最輕微的情況下，解離可能表現為短暫的意識游離（類似短時間內意識不清或恍神），或者是短暫的失憶。

嚴重的解離障礙可能發展為多重人格障礙（DID），患者的人格分裂出多個各方面截然不同的人格。

◆自殺企圖與自殺姿態

「自殺企圖」與「自殺姿態」的區別在於，自殺姿態指的是一個人做出試圖自殺的行為，但實際上並沒有死亡的意圖。例如，對方可能服用不足致命劑量的安眠藥，或以不會立即致命的方式割腕。

這種行為通常是為了表達絕望或無助，或是對外傳達求救訊號，其根本動機是為了改善現狀，而不是真的想結束生命。在某些情況下，自殺姿態可能是為了做出強烈、戲劇化的情緒表達，或是要藉此「報復」某個人。這種行為很常出現在某些人格障礙（例如邊緣型人格障礙）的患者身上。

另一方面，自殺企圖就是指真正企圖結束自己的生命，但因為各種原因未能成功，形成「自殺未遂」的結果。例如一個人服下一整瓶藥物打算自殺，但有人叫了救護車，他被送往醫院搶救、洗了胃後醒來。還有一些人可能確實想死，但選擇了不足以完全確定致命的方法。例如某人開車衝下懸崖，他認為這樣必死無疑，但最後奇蹟般地活了下來。

雖然自殺姿態和自殺企圖的目標與動機不同，但外在行為非常相似，不論是哪一種，它們都屬於嚴重的白旗警示，代表這個人迫切需要專業幫助。自殺姿態有可能隨著狀態惡化演變成真正的自殺企圖，而自殺企圖有可能導致最後達成自殺身亡的結果。

以上這些三級警報，表明那個人處於極端的情緒困境中，需要立即的專業介入與協助。接下來，我們將探討二級與一級警報，這些警示雖然不像三級警報那麼急迫，但仍然值得關注。

此外，處於危機狀態並不代表他／她已經瀕臨自殺邊緣，以下這些跡象有助於評估風險：

- 談論自殺或表達想要死亡的念頭
- 感到絕望，認為情況永遠不會改變或好轉
- 感到無助，認為無論做什麼都於事無補
- 覺得自己是家人和朋友的負擔
- 感到極度且持續的疲憊，並伴隨憂鬱症狀
- 酗酒或吸毒行為

- 開始整理個人事務（如安排財務、分送個人物品、探訪親友進行告別）
- 計畫自殺的方法（如選擇方法、確定日期）
- 購買自殺工具（如槍枝、繩索、大量藥物）
- 撰寫遺書
- 故意讓自己置身危險中，或刻意製造可能導致自己死亡的情況（例如「藉警自殺」，就是故意挑釁警察，迫使對方開槍）

我們同時也要注意，有些人的自殺風險比其他人更高，這些高風險族群包括患有以下疾病的人：

- 重度憂鬱症、雙相情感障礙、藥物濫用症候群，以及其他嚴重的精神障礙，如精神病或人格障礙等
- 高壓的生活事件會和憂鬱症等其它風險因素結合。這些壓力源可能包括離婚、分居、喪親、慢性疾病、醫療狀況惡化或失業（更多詳情請參閱第十二章）
- 過去曾有過自殺企圖或自殺姿態

- 有精神疾病或藥物濫用家族史
- 家族中有其它人自殺身亡
- 曾遭遇家庭暴力，包括身體虐待或性虐待
- 家中存有槍枝（在美國所有自殺案例中，使用槍枝者約佔50％）
- 曾有入獄服刑經歷
- 曾接觸到他人的自殺行為，受家人、朋友或名人自殺的影響
- 缺乏社交人際關係照應（如家人、朋友）

◆暴力行為評估

在判斷一個人是否具有暴力傾向時，需要注意以下幾點：

- 這個人曾經認真地討論怎麼傷害他人，尤其是自認不受尊重或被冒犯的情況下（不管客觀上他是否真的受冒犯，都不影響其危險性）
- 這個人看起來相當冷酷無情，不在乎自己的行為對他人造成的影響。即使受到懲罰或吃了苦頭，也完全不為犯的錯感到內疚，無法從錯誤中學習。他會將問題歸

咎於他人，或持續找藉口合理化自己的行為

- 會過度沉迷、執著某個主題無法自拔，這些強迫性的想法通常與性或暴力相關
- 無法忍受挫折，容易因小事爆發攻擊行為或暴力舉動
- 情緒不穩定，無法控制衝動，尤其是受到他人批評時，經常以威脅行為或暴力回應

白旗：二級警報（中度危險）

以下描述的行為特徵，在現代社會的標準下，已不至於被立即歸為最高等級的「三級警報」，但仍是需要高度關注的警示信號：

◆偏執

偏執的人抱有一種毫無來由、認為自己不受歡迎的感覺，總認為別人會傷害自己。這個觀察對象是否疑心病很重？會不會經常誤解別人的友善或中立行為，解讀為不友善的敵意？輕度的偏執可能會幻想他人在背地裡談論自己，或者堅信自己經常受到侮辱或貶低。

◆自傷與自殘

故意對自己造成身體傷害（如割傷、燒傷），但不帶有立即致死意圖。比方說可能故意用刀片、剃刀或碎玻璃在皮膚上劃出小傷口，造成流血。進一步的嚴重自殘行為可能會升級成自殺姿態。

◆自戀型人格障礙

自戀型人格障礙的症狀包括：

- 誇大自己的重要性（例如，誇大自己的成就和才華，本身雖沒有他們宣稱的成就，但企圖讓別人認為自己有那麼優秀傑出）
- 沉迷於無上限的成功、權力、才華、美貌或理想愛情的幻想中
- 深信自己是特殊且獨一無二的人，只有其他特殊或高階人士才會理解或接納他，也只有這種人才配與他為伍
- 需要過度的讚美與欽佩
- 具有強烈的特權意識，例如會不合理地期望獲得特別的優待，或認為他人應自動

順從自己的期望

- 在人際關係上剝削他人，也就是利用別人來達成個人目的
- 缺乏同理心，不願意正視或認同別人的感受與需求
- 時常嫉妒他人，或認為他人嫉妒自己
- 強烈表現出傲慢自大的行為或態度

顯而易見，對於自戀型人格障礙患者來說，缺乏同理心並不是自尊低落的副作用而已。假如我們發現某個人極度缺乏同理心，並表現出極端嫉妒與自認為特權的態度，代表他的內心存在更深層次的問題。

◆邊緣型人格障礙

由於邊緣型人格障礙患者的自尊極度低落，導致在調節情緒與行為方面存在顯著困難，因此經常露出焦慮、憂鬱、易怒或對一切感到無聊的狀態。

邊緣型人格障礙極害怕被拋棄。如果一個人不斷嘗試依附我們，而一旦我們沒有滿足對方的期待，他就會用某種方式做出「懲罰」，那麼這個人可能患有邊緣型人格障

礙。此外，邊緣型人格障礙通常也會合併中度至重度的憂鬱現象。

邊緣型人格障礙的症狀包括：

- 拼命努力以避免被真正或自以為的拋棄
- 不穩定且極端化的人際關係，特徵是會對人或這段關係「理想化」後又「貶低」它，反覆切換
- 身分認同障礙，自我形象或身分的定義長期不穩定
- 表現出至少兩種類型以上的衝動行為，例如過度消費、濫交、藥物濫用、危險駕駛、暴飲暴食等等
- 反覆出現自殺行為、自殺姿態、自殺威脅或自殘行為
- 情緒狀態極不穩定，因為情緒對外界刺激會強烈反應而起伏不定（例如，劇烈的情緒低落、易怒或焦慮，通常持續數小時，很少超過數天）
- 長期感到空虛
- 膨脹過度且強烈的憤怒，或無法控制怒意（如經常發脾氣、持續生氣、頻繁與人發生肢體衝突等等）

• 短暫的壓力性偏執妄想或重度解離症狀

◆大家快看我——表演型人格障礙

每個人都有自己展現個人風格的方式，透過觀察一個人向外界呈現的某種形象以及動機，能夠了解到目標的情緒健康狀況。假設某人做出某行為，唯一目的只是要吸引他人注意，這通常是情緒失衡的徵兆。不分哪種方式，只要一個人傾向從他人身上獲取情感養分，情緒就會趨向不穩，把自己放在依賴他人的位置，會變得越來越以自我為中心且脆弱敏感，這種行為模式是為精神病、焦慮症和憂鬱症埋下伏筆。

吸引關注的行為不僅限於外表、外在。例如表演型人格障礙（HPD）的特徵就是過度情緒化的表達行為和尋求關注。

患有此障礙的人通常有良好的社交與職場能力，如果只根據職場表現或家庭狀況來判斷，可能察覺不到潛在問題。他可能在社交場合、職業領域都表現得很出色，但為了確保自己是群體中的焦點，會試圖操控周圍的人的情緒或想法。

需要注意的症狀包括：類似暴露狂的行為、過度戲劇化的言行、不斷尋求他人的認可或讚許、對批評極度敏感、不恰當的誘惑行為、強烈需要成為他人關注的焦點、對延遲滿足的容忍度很低、下決定時總是草率了事……等等。

不妨注意觀察的目標，在沒有成為群體的中心焦點時，是否會感到不自在或不愉快？她是怎麼和他人互動的？說話時有沒有誇大自己情緒的傾向？是否特別容易被各種戲劇化的情節和人際間的勾心鬥角所吸引？

以下是表演型人格障礙的標準行為特徵：

- 挑逗或誘惑行為
- 在人際關係上，表現得比實際更親密
- 想獲得關注，必須是眾人矚目的中心
- 容易受到他人或情境影響
- 在言語風格上，想要給人留下深刻印象，言談卻缺乏細節
- 情感膚淺
- 裝扮自己的外表來吸引注意力
- 誇大的情緒和戲劇化的表現

有意思的是，許多真正具有特殊才能的人（例如外貌特別出眾，或極具創造力）明明已經在這些天賦領域上建立了夠高的身分地位，實際上他們卻可能深受低自尊之苦。可以想像，這樣優秀的人一生都因為與生俱來的才能而受到讚揚和正面評價，導致他們從來沒有心力去探索、發展自己的內在面向。要記住，最重要的關鍵在於，自信和自尊是不同而獨立的心理。

紅旗：一級警報（輕度危險）

◆情緒障礙的警訊

你是否在目標身上觀察到憂鬱的跡象？憂鬱症的心理症狀（包括精神上、情緒上）可能包括：

- 情緒持續低落、沮喪
- 低自尊與缺乏自信
- 看法悲觀及負面
- 絕望感

- 無助感、無價值感
- 有自殺念頭
- 無理性的罪惡感

憂鬱症患者大多會伴隨失樂症（anhedonia），也就是對過去喜愛的活動失去興趣或無法感受到樂趣。身體與生理上的症狀可能包括：

- 疲勞倦怠與缺乏活力
- 注意力渙散或無法做出決定
- 睡眠障礙，嗜睡或失眠
- 性功能障礙，例如性慾減退
- 食慾改變，導致體重增加或減輕
- 心理動作能力（psychomotor activity，意指與心理活動相關的身體動作）產生變化，可能出現動作遲緩，或焦躁不安、動作加速等表現

◆躁鬱症（雙相情感障礙）的警訊

你的觀察對象，情緒是否會從開心亢奮迅速轉變成絕望的低潮？我們可能會在一個人身上同時看到躁症和鬱症的表現。躁鬱症的躁期（或輕躁期）時，行為表現會自信、正向、開朗、樂觀，甚至總是興高采烈。這時的他對世界熱情友善，創意爆發，積極展開雄心勃勃的新計畫（但很少真的去完成）。接著情緒會往另一端急轉直下，整個人變得憂鬱、沮喪、挫敗、甚至易怒。

躁鬱症的特徵是情緒變化異常極端，從極度興奮（躁期）到極度低落（鬱期），反覆交替，在間隔時會有一端情緒相對正常的過渡期。這些劇烈的情緒變化，也會連帶性地使人的活動能量與行為也出現巨大的起伏。

躁鬱症患者會經歷躁期發作（或輕躁發作）以及重度憂鬱發作，在某些情況下，還會出現混合發作——同時出現躁狂和憂鬱的症狀。

躁鬱症患者的情緒狀態可以看作一個光譜，或連續變化的範圍。一邊的極端是重度憂鬱症，再來是中度憂鬱、輕度、短暫憂鬱期。整體範圍的中間地帶是正常或平衡的情緒，而往另一端去就是輕度、中度躁狂，極端自然就是重度躁症。

躁症的症狀包括：

- 自我感覺極度良好，自尊心異常膨脹
- 對睡眠需求降低（例如起床感到精力充沛，但其實只睡了幾小時）
- 話變多，語速加快，滔滔不絕地講話
- 思維爆發或思維跳躍
- 注意力分散，極易被不重要或不相關的外部刺激吸引
- 心理動作能力增快，或出現許多帶有目的性的行為，例如在社交、學業或工作上異常活躍等等
- 判斷力低下，過度沉迷能帶來短期快樂但後果堪憂的活動（例如揮霍無度的消費、濫情濫交、不理智的商業投資）

躁期患者很樂於與人分享自己的興奮情緒，他們的幽默感甚至可能頗具感染力。然而，隨著躁期加劇，這些幽默感會開始變得不能讓他人快樂，它可能帶有強迫、自以為是的成分，令人感到不適。過度膨脹的自我意識還可能發展出妄想，比方說，患者認為自己有能力指導國家領袖或是能靠他的點子解決全球性危機（如飢荒）。

躁期患者通常意識不到本身的行為不恰當。他們會否認自己有問題，堅持一個心情

很好、做事有幹勁的人不可能生病。然而，他們的行為可能會為所有互動對象造成生活上的嚴重困擾。

◆焦慮

焦慮症（Anxiety Disorders）的特徵包括：(1) 存在明顯的焦慮情緒；(2) 為了避免焦慮而產生的迴避行為。雖然每種焦慮症的症狀各不相同，但基本都是以過度、非理性的恐懼和焦慮、憂慮及恐懼感為中心。患有焦慮症的人會做出各種逃避行為，例如重複性的儀式行為或強迫性思考，來讓自己免於內心焦慮的煎熬。

每個人都會不時感到焦慮，一定程度的焦慮是正常的，甚至能夠發揮適應的效果。像是在考試前，對考砸的恐懼會激勵人更努力準備。但過度焦慮會讓人陷入恐懼、麻木狀態，使人感到虛弱。恐懼感與不確定感會主宰並折磨他們的日常生活。嚴重的焦慮會影響人際關係，也會干擾日常工作以及在家庭中應負的責任。

以下是焦慮的一般症狀（尤其與廣泛性焦慮症相關）：

- 感到緊張、焦躁、緊繃或不安

- 容易疲勞
- 很難集中注意力
- 情緒易怒
- 肌肉緊繃
- 睡眠障礙（失眠或睡不安寧、睡眠品質不佳）

緊張、焦躁、緊繃或不安，這些症狀可能嚴重影響日常生活，使患者難以維持正常的社交、學業或工作表現。如果焦慮持續惡化，建議尋求專業協助，以獲得適當的治療與支持。

第11章 掌握情緒狀態的四項統計關鍵

沒有一點瘋狂，就沒有偉大的天才。

——哲學家塞內卡（Seneca）

人類行為變數的數量可能近乎無限，但統計學仍可以幫助我們評估出一個人的情緒狀態。假設拋擲硬幣一百次，在統計上的機率是得到五十次正面和五十次反面。同樣地，如果我們對人類的各種特質與行為模式進行隨機抽樣分析，就很可能能夠歸納出一些基本的、具有普遍性結論。

每位臨床研究人員都會用到「樣本數」（sample size）的概念，也就是要達到多大規模的採樣，才能夠讓研究結果更接近真實的常態分布。簡單來說，我們進行的試驗（在此代指觀察分析的經驗）次數越多，得出的結果就越具體和可靠。在檢視大量的拋擲硬幣（在此代指觀察過的對象）的統計結果時，就能夠從中發現某些穩定的統計模式。

透過相關研究的統計數據，我們可以看出，有四項主要因素可用來識別一個人的情緒健康是否朝某個方向傾斜。這四項因素既不全面也不夠明確，但仍足夠作為評估目標情緒狀態的有用工具：

1. 精神疾病家系圖
2. 婚姻狀況
3. 宗教信仰

4. 創造性傾向

精神疾病家系圖

家系圖可以繪製出一個人的家庭心理病史，涵蓋了精神疾病和家庭內的情緒關係動態。最理想情況是能夠開誠佈公、直接地向當事人提出這些問題，如果不可行，那麼運用「對話解碼術」精心設計訪談，能夠幫助我們收集資訊並和對方建立關係。如果有機會和觀察對象的家人交談，得到更全面性的了解，就更加事半功倍了。

以下是我們在評估對方的情緒健康狀態時，需要留意的地方：

- 他是否曾被診斷出任何心理障礙（不管時期多短都算）？他是否曾因為前述心理障礙住院治療？
- 他的一級親屬中是否有人具有精神健康問題的病史？
- 他是否曾經嘗試自殺或有強烈的自殺念頭？
- 他有沒有對酒精、毒品（包括處方藥）或任何其他物質成癮？

婚姻狀況：已婚人士更快樂、更健康嗎？

如果一對夫妻關係親密，且婚姻維持得相當長，那麼穩定的婚姻可被視為情緒健康程度較高的指標。

芝加哥大學研究員兼社會學教授琳達．韋特博士（Dr. Linda J. Waite）的研究顯示，不論對男性還是女性，婚姻延長了他們的壽命，並且明顯提升了他們的身心健康。和單身或離婚人士相比，婚姻（不包括僅同居的伴侶）也提高了收入，並提升了雙方對生活的控制感。

一九七二年出版的《婚姻的未來》（*The Future of Marriage*）一書中，社會學家傑西．伯納德（Jessie S. Bernard）發表道：「已婚男性在四項心理困擾指標上表現優於單身男性，這四項指標分別是：憂鬱、神經質、恐懼感以及消極被動。」已婚女性在這些負面特質上的表現也優於單身女性。

整體而言，已婚人士的心理困擾跡象，在統計上少於未婚或離婚人士，情緒健康程度也更高。一項追蹤一萬四千名美國成年人長達十年的研究顯示，婚姻狀況是幸福感最重要的預測因素之一，已婚者對整體生活感到非常滿意的比例，是離婚者或分居者的兩倍之多。

楊百翰大學教授朱莉安・霍爾倫塔德（Julianne Holt-Lunstad）研究指出，婚姻甚至和心血管問題相關。研究顯示，婚姻幸福的成年人，其血壓低於單身但有支持性朋友的人士。而不幸福的已婚人士血壓高於幸福已婚人士和單身人士。如果血壓能在夜間睡眠時下降，那麼患上心血管問題的風險會遠低於整夜血壓偏高的人★。

這些研究同時顯示，配偶有益於平衡人們的生活，使人們在整體上更趨於身心健康。配偶能緩和彼此的情緒，軟化個性中可能存在的暴躁尖銳因素，在面臨生活中的嚴苛挑戰時，幫助對方保持更全面的視野。

一段陷入困境的婚姻，本身可能不至於引發警報或白旗狀況，但長此以往，可能促成其他方面的情緒不穩定（例如憂鬱和焦慮），而這些情緒不穩定本身就可能會形成警報。

宗教信仰：我們信靠上帝

宗教信仰的虔誠度已證實與現今盛行的憂鬱症患病率的降低有關，參與宗教活動

★ Holt-Lunstad, Birmingham & Jones, 2008.

與情緒健康之間存在著不容置疑的關聯。正如布萊克（W.A. Black）在他的著作《成癮行為中的自制存在主義方法》（*An Existential Approach to Self-Control in the Addictive Behaviors*）中所述：

宗教信仰也可能與藥物濫用發生率的降低有關。大量研究顯示，酒精與藥物濫用與生活缺乏意義或目標有關，而這種空虛感通常與宗教信仰參與度較低有關。在對酗酒人士宗教信仰生活的研究中，證實了酒精、藥物成癮者中的信仰生活普遍空白。在對一組酗酒樣本進行信仰經歷的調查時，研究人員發現，有89%的酗酒人士在青少年時期對宗教失去了興趣，而對照組中，48%的人對宗教的興趣增加，32%的人保持不變。

是創造的天才，還是瘋狂的天才？

在探討「正常」與「異常」的界線時，創造力往往是最複雜的議題之一。許多極具創造力的人所展現出的複雜人格特徵，深刻地提醒我們：**人們應當更謹慎，不可輕易**

對他人妄下評斷。創作者們為人類文明的進步做出了卓越的貢獻，並為世界傑作的寶庫奉上他們天賦的結晶。畫家梵谷、作家海明威、前美國總統林肯與前英國首相丘吉爾等等，是眾多曾深受嚴重憂鬱症折磨的創造性天才中的幾個例子。雖然身患精神障礙（也可能正是因為如此），他們仍然締造出對世界產生深遠影響的成就。

《理智的假面》（*The Mask of Sanity*）一書的作者赫維・克萊克利博士（Dr. Hervey Cleckley）如此寫道：「在那些被譽為偉大藝術家和思想家的生活中，不尋常且明顯不合理的行為確實屢見不鮮，這種情況非常普遍，以至於人們普遍傾向於將天才的怪異行為視為一種正常，而非異常。」

一個人在事業上和公眾成就上極其成功，並不能代表他是個容易相處的人。敬佩邱吉爾拯救世界免於毀滅是一回事，和他共同生活則完全是另一回事。眾所周知，邱吉爾的家人和他的酗酒問題抗爭許久。他早年抱有樂觀的人生態度，但晚年漸趨悲觀，卸任公職後，他性格中的陰暗面變得更加明顯。這些性格特徵並非突如其來，在他擔任政治家和宣揚樂觀主義的歲月裡，它們早已潛伏在表面之下。在公眾面前，他是偉岸的英雄；但在私底下，他是內心充滿矛盾、在痛苦掙扎中孤獨生活的人。

出版於二〇〇二年的《史丹佛報告》（*Stanford Report*）中，研究人員發表了關於創造性天才與精神疾病之間存在關聯的確鑿證據。凱特．梅爾維爾（Kate Melville）在隨後的一篇文章中談到了該研究的結論，她說明道：「創造力超群的人，身患躁鬱症的比例遠高於普通人群。」

研究顯示，心理狀態健康的藝術家，其性格特質和一般大眾中身心健康的人相比，反而更接近躁鬱症患者。史丹佛大學精神病學和行為科學系的首席研究員對此解釋說：「我的直覺是這樣認為的——情緒的幅度，也就是擁有寬廣的情緒頻譜，是躁鬱症患者的一項優勢……這當然不是這個疾病帶來的唯一影響，但有些特質確實賦予了躁鬱症患者優勢，我認為那就是他們的情緒幅度。」

雖然富有創造力的人無疑值得欽佩和讚賞，但大多數會表現出極端的情緒化和神經質等特質，這也是研究人員口中「負面情感特質」的部分主要特徵。這些特質還包括輕度的憂鬱症和躁鬱症。

這種天才與瘋狂的矛盾，經常被流行文化引用到作品中。在《美麗境界》（*A Beautiful Mind*）等電影中，講述了諾貝爾獎得主約翰．納許（John Nash）的故事，他既是創造性天才，同時又是重度精神病患者。然而，描繪歷史人物的電影通常會省略掉不太受觀眾喜愛的關鍵缺陷，畢竟，主角必須是能讓觀眾產生共鳴的角色，自然是越英雄化越好。

電影中，納許在諾貝爾獎獲獎感言中向他的妻子艾莉西亞致敬。但在現實中，諾貝爾獎並沒有邀請納許發表演講，推測可能是顧慮到他不穩定的精神狀態。不過，他在普林斯頓的一個小型聚會上發表了簡短的演講。在那段真實發生的演講中，他表示自己本不願發表演講，但有幾件事想說。首先，他希望獲得諾貝爾獎能改善他的銀行徵信評分，因為他真的很想要一張信用卡。再來，他說他知道一般人應該要說「很高興能與其它人共同得到這個獎項」，但他其實希望自己是唯一獲獎者，因為他當時真的非常需要這筆獎金。這些發言在電視上聽起來可能頗為幽默搞笑，但當你了解到困擾這位天才的真實生活細節時，可能就笑不出來了。

以下特質概述了研究人員經常在「精神狀態欠佳的天才」身上識別到的特徵★：

- 對體驗持高度開放態度，尤其是以幻想為主的想像力
- 行事衝動，缺乏責任感

★《創造力手冊》（*Handbook of Creativity*），劍橋大學出版社出版。

- 焦慮、情緒障礙、情緒敏感
- 具有強大的野心與動力
- 不合群，質疑常規，獨來獨往
- 容易產生敵意，情感上顯得冷漠、不友善，缺乏熱情

創造力卓越的人，常常能在不相干的想法、甚至是完全不同領域的東西之間，做出遙遠而一般人看不出所以然的聯想。他們的思考可能不是線性的，思維也不一定遵循邏輯。在創造力的世界中，這種獨特的思考有時是一種優勢，但在日常生活中，卻可能成為令人疲憊的負擔。

創造天賦高超的人，在臨床診斷相關症狀的行為表現上，也經常高出該症患者的正常值。比方說，內向到近乎退縮、憂鬱、躁狂發作和看似反社會的行為。

與這樣的人建立關係時，最具挑戰性的部分或許是：再多的統計數據，也無法讓他們相信問題出在自己身上。創造性天才會制定自己獨屬的世界觀，這種行為特徵在那些深信自己是「遺世獨立的孤島」的人身上尤其明顯。

◇◆◇

那麼，這意思是不是說，一個具有高度創造力、從未結過婚、無神論、有自殺念頭且藥物成癮的人，情緒狀態**絕對不穩定**？不能這麼說，但從統計學的角度來看，情況相對不樂觀。

第12章

壓力源：不可忽視的評估要素

為了成功，人們需要自我效能感，以及在面對生活中不可避免的障礙和不公時，共同奮鬥的韌力。

——心理學家艾伯特．班杜拉（Albert Bandura）

現代研究顯示，心理障礙是由多種綜合因素造成，包括基因、神經化學、環境、人格特質以及其他發展因素。我們來自不同的基因庫，成長於不同的環境，擁有各自的生理與化學特性。每個人在一生中都經歷過不同的壓力事件，因此也形成了不同程度的情緒韌力來應對這些壓力。

「情緒韌力」（emotional resilience）與「心理韌力」（psychological resilience）這兩個詞彙經常互相代用，兩者都是指適應、應對壓力的能力，以及克服逆境時能不陷入心理障礙（例如持續性的負面情緒或臨床憂鬱症）的能力★。

我們可以把韌力比做「情緒的鐵氟龍塗層」，眾所周知，鍋子塗上鐵氟龍之後，就能起到隔絕與保護的作用，同樣地，韌力這種心理上的「硬度」不僅能幫助我們應對日常生活中的壓力，也能在未來遭遇重大壓力或創傷時發揮保護作用。

生活中的壓力有時會悄然累積，壓力源更是突如其來，有時不幸地兩者同時發生。話說回來，什麼才算是壓力源？任何讓人感受到一定程度威脅的事物，無論是生理上或心理上的威脅，都是壓力源。然而，當我們對自己應對壓力源的能力產生懷疑時，才會產生實際的壓力。例如，剛接觸一份新工作可能會令人感到壓力，因為我們還不確定自己能否勝任這份工作。換句話說，壓力之所以成為問題，是因為我們缺乏足夠的應對資源。

不管以什麼形式出現，壓力都是許多身心健康問題的來源。所幸，壓力造成的並不一定是永久性傷害。正如那句俗語：「那些打不倒我們的，使我們更強大。」從研究中、從我們自身的生活經歷中，都在一定程度上印證了這一點。

當壓力長期干擾我們正常運作的能力時，就會越發危險。例如，我們可能會發現自己逐漸失控，無法解決一些不那麼大的問題。這種無助感會導致長期的的疲憊、注意力渙散，日益變得敏感易怒。

在建立一個人的心理評估時，一定要把對方目前、過去或即將面臨的壓力源考量在內，同時評估他的韌力，觀察他們在壓力下的反應與行為變化。

一個人的心理狀態平靜或焦慮的程度，很大程度上取決於維持自制的能力。一旦當做出錯誤的選擇，現實與自我之間的失調就會加劇，人會開始為自己的選擇進行辯護，結果反而進一步扭曲了對自我的認知。就像病毒或普通感冒會消耗免疫系統一樣，壓力狀態會削弱人的情緒免疫力，甚至動搖情緒的核心。令人驚訝的是，相關門診的就診原

★編注：想進一步了解情緒韌力與心理韌力，請參見《韌力：釋放創傷、挺過挫折，在逆境中前進的復原力》（啟示出版）。

因統計裡，高達75%至90%都和壓力造成的疾病或不適有關。

隨著持續的時間越長，慢性壓力消耗的能量將會超過身體所能產生的能量。壓力會直接影響我們的神經內分泌壓力通路（neuroendocrine stress pathways），改變身體的神經系統與荷爾蒙，最後削弱了身體應對情緒壓力與生理疾病的自然能力。

壓力會觸發身體中內建的應對機制。例如，你是不是曾因為差點錯過某個重要的最後期限而緊張得一身大汗？這是一種幫助我們的身體應對威脅與不確定性的荷爾蒙反應。這不完全是壞事，因為生理反應可以促使人採取行動，同時提供度過挑戰所需的額外能量。但問題在於，當人長期處於壓力狀態，這種生理反應系統也持續處於啟動狀態——使身體卡在「危機模式」，這就可能導致嚴重的健康問題。

雖然壓力並不一定會導致生理疾病，但一定會增加罹病風險。壓力還會削弱身體從疾病中恢復的能力。例如，心臟病患者如果同時面臨重大的壓力源，像是財務困難、酗酒等等，通常會更難康復。另一方面，有效應對壓力的能力可以大幅提高心臟病發作後的康復速度。

目前已知，壓力在引發和惡化心血管疾病、骨質疏鬆症、發炎性關節炎、第二型糖尿病、某些病毒性癌症，以及傳染性疾病的發病與加劇過程中具有重大影響。壓力就如字面意義一樣，壓迫、攻擊人體內的每一個細胞。

此外，壓力荷爾蒙（皮質醇）會抑制免疫細胞的活化能力。身體進入壓力狀態時，皮質醇分泌就會增加，用來支援「戰鬥或逃跑反應」所需的能量，但長時間的皮質醇升高，卻會削弱免疫系統。

有意思的是，短期壓力其實反而促進免疫系統運作——這是一種適應性反應，也就是預先讓身體為受傷或感染做好準備。但是，長期或慢性壓力形成了對身體的過度消耗，最後導致系統崩潰。一旦觸發緊急壓力反應，身體會迅速調動所有資源來應對狀況，而不屬於緊急應對機制的功能則會暫時被擱置。當荷爾蒙進入「備戰狀態」，白血球生成等需要消耗大量能量的免疫功能就會暫時受到抑制。

所幸，人類能夠大幅影響身體面對壓力時的反應，例如生產更多自然的殺手細胞（即T細胞）。這些強大的免疫細胞能夠辨別並選擇性地殺死癌細胞與受病毒感染的細胞。哈佛醫學院的史蒂芬・洛克博士（Dr. Steven Locke）詢問了參與實驗者生活中的壓力事件及精神困擾症狀，他發現，那些壓力程度高但症狀較輕的人，其T細胞活性比壓力程度高且症狀嚴重的人高出三倍。

換句話說，具有應對高度壓力能力的人，他的免疫力會比壓力相對不高但卻無法處理的人高出許多。我們的身體確實能夠承受日常生活中的壓力，但為了維持身心健康，具備必須的壓力管理能力十分重要。

男性與女性處理壓力的方式

在評估一個人所承受的壓力程度時，很重要的是意識到男性與女性應對壓力的方式有時不盡相同，因此可能會表現出不同的症狀。

男性應對壓力時的「戰鬥或逃跑」，在女性身上有時會是以「照顧與結交」（tend-and-befriend）來呈現。男性會以克服或逃避來應對壓力源，而女性則會以撫育子女或與加入社交群體來應對壓力。

男女應對壓力方式的差異，源自於神經學上的不同。在賓州大學醫學院對壓力測試進行的功能性磁振造影研究中，男性的大腦顯示出右側前額葉皮質（負責分析與決策）的活動提高，而女性則在邊緣系統（掌管情緒）區塊的活動增強。而且，這些變化在女性身上時，持續時間更長，這或許可以解釋女性的憂鬱症與焦慮症發病率為何高出男性兩倍。

有時，當我們面臨打擊與困境，樂觀可以是一種簡單而有效的治療方法。保持樂觀的心態能降低健康問題的風險，幫助我們從重大生活壓力源中找回平衡。芬蘭一項針對五千零七名員工進行的職場研究中發現，在同樣經歷重大生活事件後，樂觀問卷得分較高的人，病假增加的幅度低於樂觀得分較低的人★。病假常被用來判斷一個人是否會因身心狀況而提前退休，同時也可以預測罹患心血管疾病、癌症、酒精相關疾病及自殺風險的高低。

凡事悲觀會增加一個人面對心理與生理疾病的脆弱性與易感性。這可能是因為悲觀主義者在面對壓力時，傾向於把自己從情緒事件中抽離，而不是積極採取以解決問題為中心的應對方式。

低韌力的人經常會感覺被生活壓力弄得筋疲力竭，甚至受到更廣泛的不良影響。而高韌力的人會在壓力中習得「自我重建」的能力，他們能夠從容應對嚴苛的壓力源，會把這些壓力視為實質上的學習成長機會。打個比方，一個人在失業後可能就此陷入無助的憂鬱深淵，而另一個人卻可能把失業視為重新塑造自我的契機，甚至主動迎向生活裡的變動與挑戰。

當然，培養有效的問題解決與決策能力，可以提升個人的壓力適應性，但建立強大

★ Kivimäki, Vahtera & Elovainio, 2008.

的社交支持系統（包括家人、朋友、同事與社區組織等）也同樣重要。

生活變化所帶來的壓力

不論是換了新工作，還是收到離婚通知，一旦發生了任何好壞變化，都需要耗費大量精力並運用良好的應對技巧去適應新的情境。我們在人生中遭遇的大多數壓力源，大致上可以歸類到以下五大類：

- **具時限的急性、短期壓力源**：例如：公開演講或求職面試。
- **壓力事件的連帶效應**：由一個重大事件引發的一系列連鎖挑戰，但最終會結束，例如：配偶去世或經歷九一一恐怖攻擊事件。
- **慢性壓力源**：持續存在、反覆出現的需求，迫使一個人改變擔任的角色及行為，並且沒有明確的終點，例如：長期照顧患有絕症的家人或應對長期憂鬱的配偶。
- **遠距壓力源**：發生在過去的創傷性經歷，至今仍在情感上和認知上產生後續影響，例如：童年時期遭受虐待。
- **背景壓力源**：例如塞車或講電話時，環境背景中的嘈雜音樂或聲響。

面對會威脅到情緒穩定性的壓力源時，我們會先評估眼前的情況，確定這是否在我們的應對能力範圍內，或已經超出我們的負荷。「應對」指的是用來處理壓力事件、緩解心理或生理負擔的策略。一般來說，應對策略可分為以下兩大類：「以問題為取向的應對」或「以情緒為取向的應對」。

在「以問題為取向的應對」中，會採取直接去改變或消除壓力源的策略。例如，當丈夫長時間工作影響婚姻關係時，你直接和他說開，表達這對婚姻造成的負擔。當壓力源可控時，最適合使用以問題為取向的策略，也就是說，我們可以在現實中做一些事情——去改變或消除壓力源。

在「以情緒為取向的應對」中，我們是去改變自己對壓力源的感受。例如，被上司批評工作表現不佳時，我們可能不會當場哭泣或尖叫，因為我們得保住這份工作，但我們可能會轉去找有同理心的朋友或同事，尋求情感支持。

技術上來說，還有第三類應對方式：迴避應對。常見的迴避策略包括否認、分心、鎮靜或麻痺自己（例如藥物、酒精、暴飲暴食）。但如我們所見，這種方法的成功率相當低，通常只會導致更多的壓力。

研究顯示，生活變化壓力指數較高的人（也就是短時間內日常生活經歷多種變化的人）更容易生病。但令人驚訝的是，研究顯示，任何類型的變化都可能會導致生病。換句話說，這些變化是正面還是負面的變化，和後續帶來的壓力大小無關，只要生活中出現改變，就會產生壓力。

在很大程度上，具體的改變細節並不是重點，人們對生活的掌控感被破壞才是關鍵所在。這個現象解釋了為什麼有些人在事事順遂時也會做出自毀的行為，這與環境本身無關，而是這個人感到失去控制感，同時缺乏有效的應對技能來處理變化。

霍姆斯與拉赫壓力量表（Holmes and Rahe Stress Scale）就是用來衡量重大生活變化與壓力之間的關係。進行測試時，請把過去一年內經歷過的生活事件標示出的分數相加，總得分可以粗略估計出壓力對一個人的情緒健康造成了多少影響。

◆成人生活變化壓力量表

生活事件	壓力指數	生活事件	壓力指數
配偶去世	100	離婚	73
婚姻分居	65	入獄	63

至親家人去世	63	個人受傷或疾病	53
結婚	50	被解僱	47
重建婚姻關係	45	退休	45
家庭成員健康狀況變化	44	懷孕	40
性生活困難	39	家庭新增成員	39
企業重整或組織調整	39	財務狀況變化	38
爭吵頻率變化	35	重大房屋貸款	32
房屋貸款或借款遭法拍	30	工作職務改變	29
子女離家	29	婆媳／岳家關係問題	29
個人成就突出	28	配偶開始或停止工作	26
開始或結束學業	26	生活環境改變	25
個人習慣改變	24	與上司發生問題	23
工作時間或條件變化	20	搬家	20

更換學校	20	休閒活動改變	19
宗教活動改變	19	社交活動改變	18
小額房貸或借款	17	睡眠習慣改變	16
家庭聚會頻率改變	15	飲食習慣改變	15
休假	13	宗教節日	12
輕微違法行為	11		

把符合生活事件的壓力指數全部加起來，相加的總分代表可能患上心理疾病的風險，可以細分為高、中、低三種風險等級：

- 300分或以上，代表高風險
- 150分至299分，代表中等風險（比高風險降低30%的患病可能）
- 150分或以下，代表低風險

成人與未成年人可能遭遇到的生活事件不同，所產生的壓力指數也不一樣，因此，此處也為未成年者製作了專屬的量表。

◆未成年人生活變化壓力量表

生活事件	壓力指數	生活事件	壓力指數
結婚	101	非婚懷孕	92
父母去世	87	身體發生明顯缺陷	81
父母離婚	77	成為非婚懷孕的父親	77
涉及毒品或酒精	76	父母入獄超過一年	75
父母婚姻分居	69	兄弟姊妹去世	68
被同儕排斥或接納度改變	67	未婚姊妹懷孕	64
發現自己是被收養的孩子	63	父母與繼父／繼母結婚	63
摯友去世	63	先天性身體缺陷明顯	62

需住院的嚴重疾病	58	學業成績不及格而需要留級	56
未能進入課外活動社團	55	父母住院	55
父母入獄超過三十天	53	與男／女朋友分手	53
開始約會	51	被學校停學	50
兄弟姊妹出生	50	父母爭吵增加	47
父母失業	46	個人成就突出	46
父母財務狀況改變	45	被心儀的大學錄取	43
成為高中畢業班學生	42	兄弟姊妹住院	41
父母長時間不在家	38	兄弟姊妹離家	37
家庭新增第三位成人	34	成為正式的「宗教機構」成員	31
父母爭吵減少	27	與父母爭吵減少	26
母親或父親開始工作	26		

和成人生活變化壓力量表的評分方式一樣，把符合的壓力指數全部相加，總分可以分為高、中、低三種風險等級，等級越高，患上心理疾病的可能也越高：

- 300 分或以上，代表高風險
- 150 分至 299 分，代表中等風險
- 150 分或以下，代表低風險

如何評估是否具有韌力

當我們要舉出性格堅韌的名人時，腦海中立刻會浮現曼德拉（Nelson Mandela）和安妮．法蘭克（Anne Frank）這幾個名字，但不只是他們，韌力也是每天都能在普通人身上觀察到的特質。

情緒韌力是標示出一個人短期或長期穩定性的有力指標。缺乏情緒韌力可能說明，長久下來，他可能會走向情緒不穩定的狀態，尤其在未來如果面臨嚴重的生活壓力源時，可能會難以支撐住。我們應該怎麼評估一個人的情緒韌力呢？具有高韌力的人通常

有以下十六個共同特徵：

- 歷經困難時期之後，他能迅速恢復並重新振作嗎？
- 當感受到壓力時，他能有效管理焦慮感嗎？
- 他是否能夠面對或接受悲傷、失落，而不會陷入長期憂鬱？
- 他是否會進行過於嚴厲的自我批評或沉溺於負面的自我形象（低韌力特徵）？
- 面對困難的障礙，他是否相信「事在人為」？
- 他能順暢地適應變化嗎？他是否有發展應對策略並應用到新情境中的能力？
- 他是否會把問題看成機會，特別是在遭遇逆境或匱乏的時期？
- 他是否注意自己的身體健康？
- 他能夠制定出現實可行的計畫，並果斷採取行動嗎？
- 他是否擁有健康的社交支持網（伴侶、家人、朋友、同事）？他是否和親人、朋友及其他人保持親密而正向的關係？他是否願意接受他人的幫助或支持？
- 不管是要獨自面對或是必須接受他人的幫助，他是否對自己的力量和克服逆境的能力抱有信心？

- 他是否具備良好的溝通能力與解決問題的能力？
- 在危機發生後，他是否能堅持不懈地度過難關？他是否能秉持客觀性來看待危機，而不是認定事情已經無法挽回？他是否能迅速進入解決問題的思考模式？他是否能跨越眼前的情緒，專心於改變未來的處境？
- 他是否有良好的自律能力？在強烈情緒與衝動下，他能夠克制自己的行為嗎？
- 他能夠接受變化嗎？面對無法改變的事實，他能夠釋懷並調整已不再實際可行的目標嗎？
- 他是否始終如一地穩定朝目標前進？

如果評估的對象身上連一部分這些特質都沒有，這個人很可能缺乏足夠的情緒韌力。即使目前表面上看起來頗為穩定，將來如果遭遇嚴重的生活壓力，他就有可能陷入內心的混亂與崩潰。對於情緒韌力較低的人來說，有時候只需要一根稻草就能壓垮駱駝。

最重要的是我們要理解到，韌力是一種動態的特質，而不是永久不變的能力。構建情緒韌力是一段個人的成長旅程，而我們都有潛力讓心靈變得更加堅韌。

第13章

天生就有問題？一切取決於基因嗎？

長壽，就像智力、美貌、健康與性格的堅韌程度，很大程度上取決於基因遺傳。請謹慎選擇你的父母。

——散文家愛德華．艾比（Edward Abbey）

創造了「連環殺手」一詞的美國聯邦調查局行為科學家羅伯特・瑞瑟勒（Robert Ressler）在其著作《與怪物戰鬥的人》（*Whoever Fights Monsters*）中，指出了一個驚人的事實：百分之百的連續殺人犯在童年時期都遭受過虐待，類型包括暴力、忽視、羞辱等等。雖然不能就此認定虐待行為的受害者就必定會成為施虐者，但從統計學上來說，他（比起非受害者）在日後使用類似方式傷害他人的可能性更高。

但是，這些連續殺人犯是否受到殺人精神病態的遺傳？他們是否帶有反社會人格的基因？還是這一切來自家庭因素而無關遺傳？哪邊才是主因？又或者兩者兼有？

近年來，大眾越來越傾向把許多心理問題都歸咎於基因。自然，涉及到心理障礙和疾病時，基因確實不無辜，但基因真的決定了我們的命運嗎？我們是否無法避免地注定會成為我們父母的翻版（不論好壞），擁有跟他們如出一轍的天賦、智力、疾病和障礙？答案當然是——「不」。

基因不會決定我們的未來，但它們確實會影響我們的發展傾向。基因影響的是潛能、可能性與機率。然而，環境、個性、文化、地理、經歷——以及最重要的，個人的選擇——這些同樣具影響力。

先天與後天的爭論無止無休。科學界投入了最頂尖的智慧與數百萬美元的研究經費，試著計算出基因和環境在人格塑造的過程中，分別發揮了多少影響。而答案很少是黑白分明的。在分析一個人的家庭背景時，請務必記住，不管是基因遺傳或是家庭環境造成，他的個人經歷都只是其中一個指標，必須結合對方生活中的所有其他因素綜合考量。

當科學家研究先天和後天的相對影響時，他們想精確地找出人類有多少本性是來自遺傳——也就是所謂的基因影響。遺傳率（heritability）指的是特定群體內，某個特定特徵的變異有多少是受個體基因差異影響導致。

為什麼有些人比其他人更聰明？為什麼有些人會罹患思覺失調症，而有些人不會？為什麼有些人看似生活順遂，卻會患上憂鬱症和焦慮症，而另一些經歷過重重磨難的人卻能堅持下來，甚至進一步茁壯成長？先天與後天的研究可以解釋或預測群體之間的差異，但它們不一定能幫助我們預測某個人為什麼會做出某種行為。

多虧了人類基因組計畫（Human Genome Project），世界上已經有了人類所有基因的完整圖譜。基因組是將一個生物體內整套完整的遺傳物質（DNA定序），也就是一個生物從構建到如何維持生命所需的完整藍圖。人類身體的每個細胞都包含DNA，這是一種化學化合物，包含了製造人體的所有遺傳指令。基因是位於染色體特定位置上的一段DNA序列，決定了一個人的特徵，從眼睛顏色到我們患上特定疾病的傾向。DNA會自我複製，每次細胞分裂時都會把遺傳資訊複製新細胞中，這就是為什麼人體在一生中製造數十億個新細胞，卻依然保持同一個人的本質。

人類擁有約三萬個獨特基因，分布在二十三對染色體上。雖然人們都是不同的個體，但我們與愛因斯坦之間的基因變異實際上差不到1%。然而，在這1%的微小差異中，我們會看到每個人身上各式各樣在智力上、身體上、心理上的差異。

雖然我們都屬於同一物種，但基因的結構存在細微變異，而這些變異導致了個體特徵上的差異。基因變異能夠解釋為什麼同一個家族的成員裡，即使外貌相似、具有其他共同特徵，在其他重要方面卻存在顯著不同，例如心理障礙或疾病。

某些基因變異會讓人更容易患上某些特定疾病，有些則能保護人免於患病。有些罕見的遺傳疾病是由單一基因變異引起的，但大多數常見疾病是由多種基因變異和外部因素（例如壓力或有毒物質）共同引起。

情緒韌力是遺傳的嗎？

為何某些人經歷壓力事件後會罹患憂鬱症，而另一些人卻不會？幾項重要的基因研究發現，一種名為 5-HTT 的基因能夠調節壓力性生活事件對憂鬱症的影響；換句話說，一個人的基因構成可能會影響到壓力在他身上作用的程度。

5-HTT 基因會產生一種蛋白質，此蛋白質能夠調節神經細胞對血清素的運用，而血清素是負責調節情緒的重要神經傳導物質（這正是抗憂鬱藥物所抑制的蛋白質）。5-HTT 基因有兩種變異形式，各為長型和短型。短型基因與憂鬱和焦慮有關。長型變異與情緒韌力有關。

簡而言之，5-HTT 基因會使某些人更容易罹患憂鬱症，卻能保護另一些人免於憂鬱。攜帶一個或兩個短型基因的人，在經歷死亡、離婚或襲擊等多重壓力經歷後，很可能會變得憂鬱，但只要他們不經歷嚴重的環境壓力源，他們就不會變得憂鬱（這一點很重要）。相較之下，擁有兩個長型 5-HTT 基因變異的人，即便在童年時遭受嚴重虐待，或是經歷財務損失、健康不佳或親人離世等情境，壓力仍不會誘發憂鬱症。

在易感族群中，早期創傷和隨後的逆境會導致憂鬱症狀和微妙的大腦變化。慢性憂鬱則會造成顯著的腦部結構變化，某些腦區可能會萎縮或出現結構性異常。這時，某些「韌力因子」，包括 5-HTT 基因所產生的蛋白質，以及有意識的思維與行為調整，將能夠減輕這種損害，甚至幫助修復大腦。

如果你希望自己是擁有兩個長型基因的「幸運兒」，那麼你得償所望的機率大約是30％。迄今以來的研究顯示，約70％的人至少攜帶一個短型5-HTT基因，這或許能解釋為何這麼多人容易患上憂鬱症。但是我們也明白，憂鬱症的發生是基因、選擇與經驗三者互動的結果。

還有其他基因也與憂鬱症、焦慮症和韌力有關，未來無疑會發現更多基因與心理特質有關聯。例如，研究人員已經確定了影響神經肽Y（NPY）表現的基因變異，而已知NPY是一種訊號傳導分子，會在壓力作用下被觸發，並與類鴉片化合物相互作用，有助於減輕焦慮和緩解疼痛。神經肽Y還影響食慾、體重控制和情緒反應。

如果一個人攜帶的是對NPY影響最低的基因變異，代表對壓力刺激的反應會更加情緒化，這進一步解釋了為什麼人們對壓力的韌力各不相同。

撥動基因的開關

在我們的一生中，基因並非一成不變地發揮作用，它們的「作用」會開啟和關閉。有些基因只有受到外部刺激（環境影響、生活方式和地理位置等等）才會表現出來，或者被「開啟」。像電燈開關一樣，基因也必須接收它們的電力才能啟動，進而表現出對應的特定蛋白質。因此，基因確實會增加風險因素，但它們本身只是製造蛋白質，並不會直接製造出結果。

科學家已經辨識出會受到生活方式和地理位置影響的特定基因和生物途徑。這些環境因素在開啟或關閉基因方面具有強大的作用。具有相同基因組成但生活在不同環境的人，該基因表現出來的方式也會不同。例如，生活在城市環境中的人，呼吸道相關基因頻繁上調或開啟的頻率會高於生活在農村環境的人。畢竟，城市居民面臨更容易致病的嚴重污染，基因需要更強的活躍度來幫助身體抵抗呼吸道疾病。

許多評估兒童養育方面的研究，例如有關體罰、敵意、不尊重孩子的觀點，以及不合理的批評或羞辱的報告中，提供了另一個基因與環境交互作用的例證。美國聖母大學（University of Notre Dame）針對少年感化院中的男性青少年進行了一項研究，探討與多巴胺相關的傳導基因是否比母親的負面教養方式更容易導致憂鬱症，結果是：其中任何一個單獨因素，和憂鬱症都不具有因果關係。但帶有特定形式的多巴胺轉運蛋白基因的男孩，如果受到母親的排斥，兩種因素相加，患上重度憂鬱症及產生自殺意念的風險就會更高。

基因與人格的關聯

基因、人格和脾氣之間的相互作用呢？透過基因影像學（如MRI和fMRI），我們能夠研究大腦的運作原理，以此了解人類的脾氣和人格多樣性背後的基因機制。除了遺傳基因與環境影響，還有另一個重要因素在起作用，就是獨一無二、專屬於你一個人的因素——你自己。任何有子女的人都會說，他們的孩子雖然都在同樣的環境中長大，但每個孩子各自有多麼獨特。事實上，人們常說：「只有一個孩子的父母相信教養決定人格，但有兩個孩子的父母則相信基因無比重要。」

那麼，我們的遺傳與環境經驗有什麼關聯？其中一種連結是性格，而性格在一定程度上受基因影響。基因影響性格，性格再反過來影響基因表現。先天遺傳傾向與後天環境相互作用，造就了所有獨特的個體。但是，還有另一點需要考慮：人們會因為性格而被特定的環境所吸引。例如外向的人可能喜歡在星期六晚上參加派對，內向的人可能更喜歡窩在壁爐前看一本好書。

研究顯示，讓人容易患上憂鬱症和焦慮症的基因，同時也會讓人對負面環境事件更加敏感，甚至增加人經歷負面事件的風險。還記得前面說過的5-HTT基因嗎？它除了與憂鬱症和焦慮症有關之外，5-HTT基因的短型變異也跟人格特質中的「神經質」有關（神經質是指傾向於焦慮、不穩定、喜怒無常和負面思考的傾向）。

這裡有另一個例子。RGS2基因的九種不同變異與兒童的害羞、內向行為、成人的內向人格以及負責處理恐懼和焦慮的杏仁核和腦島（insula）活躍化有關。攜帶這些RGS2基因變異的人，罹患焦慮症的風險較高。

許多心理學家把人格或人類的人格特質歸類為五個面向，稱為「大五人格」（Big Five），分別是：外向性（extroversion）、親和性（agreeableness）、盡責性（conscientiousness）、情緒穩定性（emotional stability）、經驗開放性（openness to experience）。換句話說，當我們在評估某人的人格時，實際上是在無意識地衡量這五種特質並將它們綜合成一個印象。

據報告指出，情緒穩定性與責任感似乎與身心健康及壽命長短具有直接關聯。也就是說，人格特質隨著時間變化的同時，也會影響個人的健康狀況。有多項研究顯示，外向性、神經質和經驗開放性這三種特質可以說明「生活事件的遺傳性」。外向、樂於接受新體驗的人，生活事件可能會更正向、可控，而神經質的人可能更容易遭遇負面的生活事件，或許部分原因是因為他們本身就預期這些事件。

試圖去確認某個族群內的特徵變異，有多少可以用個體之間的基因差異來解釋時，必須非常仔細地分類和考量各種特徵。因為先天和後天因素的影響，在表現上可能很相似，而性格變數會讓事情變得更複雜。這是因為，具有相似性格的人會尋求相似的體驗，並且很可能願意承擔相似的風險。例如，尋求刺激的人更可能參與高風險活動，這會使他們陷入困境、發生嚴重事故、生病或其他事件的風險增高，導致引發憂鬱和焦慮的風險也隨之提高。又或者，個性衝動且容易酗酒的人比沒有這些特質的人更有機率捲入酒吧的鬥毆中。

多年來，有相當多研究在關注「新奇尋求」（衝動、愛冒險、探索心強、追求刺激）這個人格特質與各種心理障礙之間的關係。例如，具有高度新奇尋求特質的人更有可能酗酒成癮，特別是父母也有酗酒問題時，機率更高。另一方面，具有低新奇尋求特質的人成為酗酒者的風險就相對低得多。

具有攻擊性、衝動性人格的人也更有可能捲入肢體衝突。一種名為MAOA的「攻擊性」相關基因，被認為會影響大腦在發育過程中的連接方式。MAOA 酶會分解掉情緒調節相關的化學物質，其中最重要的就是血清素。MAOA有兩種已知的變異，會對攻擊性和衝動性產生影響：與暴力行為相關的L型變異和對應的H型變異，後者會觸發較低的酶活性，使大腦保留更高的血清素濃度★。

單就基因本身而言，MAOA-L 基因變異只有和其他基因和心理社會影響相互作用時，才會產生些許風險；換句話說，MAOA-L 不一定會使人變得暴力。但是，透過對大量樣本進行研究後，科學家能夠藉此評估出攻擊性人格的遺傳性，也就是這種基因變異是怎麼讓大腦傾向於做出衝動、攻擊性的行為。

這些傾向不一定是有意識的或自願的。例如，一個身體強壯的孩子，比起身材矮小、瘦弱的孩子，更容易被選入美式足球隊，而且可能在這項運動中發揮得更好。但這並不一定是因為他比瘦小的孩子更有運動天賦，而是因為他獲得了更多發展技能的機會。

許多研究顯示，從智力到憂鬱和焦慮，許多心理特質的遺傳性都會隨著年齡增長而增加。乍一看這似乎違反直覺，因為，一般人大多認為基因是在幼年產生重大的影響和性格塑造。但實際情況是：隨著年齡增長，我們決定自身環境的能力也提高了，更有可能選擇會強化我們自然人格傾向的環境，不分這些選擇是好是壞。而這些環境理所當然

★ Pezawas、Meyer-Lindenberg 和 Drabant，2005.

地會反過來影響我們的心理健康，並且同樣地——不分好壞。

「基因風險」究竟有多危險？

首先必須記住，統計數據只是對一群人之間相似性的簡要總結，它的結果並沒有把所有的個人特質考慮在內，採樣對象中也不包括我們可能正在評估的目標對象。目前的基因掃描技術，無法讓我們百分之百確定某個人是否會罹患特定的心理健康障礙。現今科學也未能掌握所有可能導致或保護我們免受心理健康障礙的基因變異。此外，我們也無法衡量其他因素（例如環境因素）在促成或預防特定障礙上，發揮了多少影響。

為了說明基因是如何影響情緒健康，讓我們來淺略探討一些可能遇到的常見心理健康障礙的基因風險因素統計數據。

憂鬱症的遺傳可能

從統計學上說，重度憂鬱症在一級生物學親屬（也就是直系血親）當中的發生率是一般人口的一．五至三倍。重度憂鬱症患者的孩子、兄弟姊妹和父母比普通人群更容易出現憂鬱症患者。但是，易感的基因傾向、壓力性的生活事件和我們個人經歷之間的相互作用，在引發憂鬱症方面同樣有強大的影響，在女性身上的表現尤為明顯。憂鬱症相關研究顯示，基因在導致女性憂鬱症方面的作用大於男性。此外也有研究指出，易感的基因傾向可能更容易影響到女性，導致對生活中的壓力事件更加敏感，進而形成女性更容易罹患憂鬱症的結果。

同一個家庭的成員，確實具有共同的神經化學特性，但環境因素在導致憂鬱症方面同樣影響非凡。直系親屬多半在同一個家庭中生活，擁有共同的信仰和價值觀，也大多會面臨同一個壓力源。當其中一個成員患有嚴重的臨床憂鬱症時，其他家庭成員也會受到影響。例如，他們可能會容易退縮，形成社交孤立，間接導致成年後患上憂鬱症。

高風險家族與重度憂鬱症的嚴重性、復發性或精神病徵的形式有關。例如，一個在重度憂鬱的父母身邊長大的孩子，可能會因為父母的行為而感到自己受社會排斥，甚至現實中真的遭到排斥，這種情況在父母表現出怪異的精神病症狀時特別常見。憂鬱症患者的子女也可能對遭到拒絕極其敏感。

憂鬱症也可能與其它的身體疾病有關。在患有糖尿病、癌症、心肌梗塞或其他心臟疾病或癌症、中風等具有疾病狀況的族群中，有20％到25％的人會在抗病期間患上重度憂鬱症。重度憂鬱症患者本身，也被證實具有相當高（約65％到71％）的常見慢性醫療問題的共病率。

正如先前探討過的，嚴重的慢性壓力會抑制身體免疫功能，而免疫功能障礙會削弱身體抵抗疾病和失調障礙的能力。當身體的壓力反應長期持續在啟動狀態時，會導致所謂的「適應性負荷」（Allostatic load），可以理解為長期壓力對身體造成的「耗損度」。憂鬱症和焦慮症患者的適應性負荷非常沉重，對人體的影響可以比作一輛經歷多年損耗的汽車或電器。

適應性負荷會直接或間接造成免疫功能受損、動脈粥樣硬化加速以及第二型糖尿病、肥胖症、高血壓、高血脂（血液中脂肪過多）的發生率提高。由於體內長期存在高濃度的皮質醇，導致神經細胞萎縮，骨骼礦物質流失，因此適應性負荷也與骨質疏鬆症有關。

此外，壓力負荷狀態會促使身體釋放發炎性的化學物質，例如細胞激素，它們對行為和情緒具有明顯的影響。細胞激素是一種由免疫系統的細胞釋放的調節蛋白，在身體產生免疫反應時充當細胞之間的介質。

細胞激素既會誘發類似憂鬱症的症狀，又會抑制免疫系統，因此免疫障礙患者更容易罹患憂鬱症。免疫系統的活化會引發冷漠、嗜睡、缺乏動力和食慾失調等疾病表現，而有趣的是，這些剛好也是憂鬱症的典型症狀。也就是說，某些細胞激素以類似於憂鬱症症狀的方式活化腎上腺素系統及血清素系統，壓抑了大腦傳遞良好感覺的神經傳導素。

躁鬱症的遺傳可能

形成躁鬱症（雙相情感障礙）的病因不會是單一因素，但可確認的是，80％至90％的躁鬱症患者，其家族成員中至少有一人罹患重度憂鬱症或躁鬱症。這項統計數據指出了先天基因和後天環境都會對躁鬱症的發生造成影響。雖然有一些基因已被證實與躁鬱症具有關聯，但生長在不穩定的家庭環境中的壓力（例如，同住的父母是未接受治療的躁鬱症患者）會大幅提高患上躁鬱症的風險。

一項研究顯示，父母患有躁鬱症，子女患上躁鬱症或任何情緒或焦慮障礙的風險較高。父母雙方都患有躁鬱症的家庭中的孩子，同樣患上躁鬱症的風險比只有一方父母患有躁鬱症的孩子高。

至此我們應該已經明白，沒有哪個基因是導致躁鬱症的罪魁禍首。到目前為止，已有三種「躁鬱症基因」被證實與某些躁鬱症病例有關。芝加哥大學的研究人員已經將躁鬱症中易感性的提高，歸因於13號染色體上G30和G72這兩個重疊基因。研究員相信，G72/G30基因複合體會使躁鬱症的易感性增加約25%。值得注意的是，這些相同的基因也被認為會增加思覺失調症的易感性。至今，G72/G30還沒有發現其他已知功能，而且這兩個基因位於染色體末端附近的某種「基因曠野」中，附近沒有其他基因★。

還有另一個基因與躁鬱症有關。二〇〇二年，倫敦大學學院的研究人員發現了一個與憂鬱症和躁鬱症都有關的基因——Slynar基因，它位於12號染色體上。Slynar基因通常存在於大腦中，但在患有躁鬱症的人中，Slynar基因可能發生突變並產生異常影響。這種基因目前被認為存在於大約10%的躁鬱症病例中。

焦慮症的遺傳可能

基因、環境、人格和生活經歷都會影響焦慮症的發展。已知長期暴露於虐待、暴力或貧困等重大壓力源下，會提高患焦慮症的風險，而高壓的生活經驗和某些性格特徵會啟動一些基因，使某些人容易患上焦慮症。舉例來說，自尊心低、應對能力差，以及傾向於神經質或迴避傷害的人更容易陷入焦慮。如果焦慮從兒童時期開始發展，它本身就會持續損害自尊，低自尊狀態會導致焦慮加劇，形成惡性循環。

焦慮症可能會在家族中遺傳，人們認為焦慮症的發生率受到多種基因交互作用的影響。就像其他複雜的心理特質一樣，恐懼和焦慮是許多基因交互作用下的結果，並不存在某個單一的「恐懼基因」，也就是說，不存在「某個基因受到干擾時，就會讓人焦慮失控」的情況，這也是為何焦慮症的基因根源相當難以辨識。

但關於焦慮，的確還有一些已知的資訊。除了之前討論的 5-HTT 和 RGS2 基因之外，還有其他幾個基因被認為與焦慮症有關。例如，負責調節多巴胺信號傳導的 COMT 基因中的特定變異，可能會影響並導致焦慮和負面情緒。

許多研究甚至顯示了特定類型的焦慮症（例如恐慌症、社交恐懼症或廣泛性焦慮症）和基因的密切關聯。科學家們已證實下列幾種基因對特定焦慮症會產生影響，例如 ALAD 基因中的變異會增加社交恐懼症的風險、DYNLL2 基因中的變異會增加廣泛性焦慮症的風險、PSAP 基因中的變異會增加恐慌症的風險。

近年來，大多數基因研究都集中在找出心理障礙與控制神經傳導物質的基因變異，索爾克研究所（Salk Institute）的科學家在探討壓力與十七種「焦慮基因」之間的關聯

★ Gershon、Hattori & Liu，2003.

時，發現了一個有趣的現象：酵素在焦慮症中的作用，可能比神經傳導物質更重要。他們研究了兩種與氧化壓力代謝有關的酵素——乙二醛酶和谷胱甘肽還原酶的活性增加或過度活躍時所造成的影響。

他們發現，這兩種酵素（人類和小鼠都具有這兩種酵素）活性的增強會使正常情況下放鬆的小鼠變得神經質，並使本來就緊張的小鼠更加焦慮。就像患有焦慮症的人類一樣，陌生環境的景象和聲音會引發焦慮性格的小鼠陷入恐慌，導致牠們僵住。和其它那些更放鬆的小鼠不同，天生緊張的小鼠不愛探險，對開闊的空間十分警惕。令人驚訝的是，研究人員發現，幾乎一半的焦慮小鼠的高度焦慮狀態是由這些酵素的過度活化所引起，而不是傳統認為的神經傳導物質失衡。

請牢記，我們很多人都有些神經質。誰沒有重複檢查門窗有沒有鎖好，或瓦斯爐有沒有真的關掉的經驗？然而，大多數人都有能力將神經質、負面的思維轉變為正向的、充滿希望的想法。事實上，人類能夠用思想和行為來影響基因的表現。

注意力不足過動症的遺傳可能

注意力不足過動症具有高度遺傳性。事實上，約有75%的注意力不足過動症病例是受到基因影響。雖然有一些具說服力的證據證實飲食（如食物過敏和維生素或礦物質缺乏等因素）對過動症也有一定影響，但總體而言，過動症主要被視為一種遺傳疾病。

許多研究人員認為，過動症患者的神經傳導物質中的多巴胺存在功能障礙，導致喚醒狀態異常低下，這使得過動症患者被促使去尋求持續的環境刺激和活動，在必要時甚至自行創造興奮和刺激，而且很難自我調節。目前也已確認，增強多巴胺功能的興奮劑藥物似乎確實能減輕許多兒童和成人過動症患者的症狀。

研究人員認為，大多數過動症病例是由多種基因共同引起的，其中有許多種基因會影響多巴胺轉運蛋白。例如，多巴胺 D4 受體基因的七次重複變異，被認為佔過動症遺傳風險約 30％左右。單光子電腦斷層掃描（SPECT scans）也顯示，過動症患者的血液循環減少（代表神經活動低），並且在紋狀體（大腦中負責預先計畫的部分）中多巴胺轉運蛋白的濃度明顯更高。

這種基因的大雜燴告訴我們，過動症並不遵循其它遺傳疾病的固有模式。它是基因和環境因素之間複雜的相互作用所造成，所有攪和在內的基因都可能發揮了作用。但到目前為止，還沒有發現任何單一基因是導致過動症的主要元凶。

基因影響的底線

觀察一個人的遺傳史確實能判斷出風險因素，但背負了某些疾病或障礙的基因風險，並不代表就必定會罹患那些特定疾病或障礙。人的行為永遠是可改變的，而且會持續受環境和個人經歷影響。

對於基因與心理疾病，科學界的共識是，我們的命運不論好壞，都不能完全歸咎於基因。那些大規模的基因／環境相互作用相關研究顯示，不同個體之間，心理健康狀況的差異只有四分之一的因素是遺傳造成的，也就是說，四分之三與遺傳無關。每個人都有足夠的機會去改變自己的處境，並決定我們是否真的會走上與父母相同的老路。

後記

臨床心理學和精神病學領域的存在，正是為了幫助情緒不穩定的人變得更穩定，過上更快樂、更健康的生活。與梵谷和林肯的時代不同，現今社會能夠為患有情緒疾病的人提供專業的幫助。他們可能需要心理治療，甚至藥物治療，但在文明世界的幾乎每個城市裡，治癒的希望永遠不缺席。

我衷心希望，閱讀本書對你來說是一段轉變性的旅程，在這之中獲得的關於人類心理的新知識，將在餘生中引導你去選擇、建設出穩定且有益的人際關係。

更重要的是，如果你發現自己或你所愛的人身上出現了情緒問題的跡象，希望本書能賦予你信心，讓你能夠勇敢地跨出那一步，去尋求所需的專業幫助，享有更正向、快樂且收獲豐富的生活。

參考書目

- Babcock, M. & Sabini, J. (1990). On Differentiating Embarrassment from Shame. *European Journal of Social Psychology, 20(2),* 151-169.
- Beck, A. (1999). *Prisoners of Hate: The Cognitive Basis of Anger, Hostility, and Violence*. NY: Harper Collins.
- Becker, J. R. (1981). Differential Treatment of Females and Males in Mathematics Classes. *Journal for Research in Mathematics Education, 12,* 40–53.
- Black, W.A. (1991). An Existential Approach to Self-Control in the Addictive Behaviors. In N. Healther, W. Miller & J. Greeley(Eds.), *Self Control and the Addictive Behaviors* (pp .262-279). Sydney, Australia: Maxwell-McMillan Publishing.
- Cheng, H. & Furnham, A. (2004). Perceived Parental Rearing Style, Self-esteem and Self- Criticism as Predictors of Happiness. *Journal of Happiness Studies, 5(1),* 1-21.
- Cheng, H., & Furnham, A. (2003). Personality, Self-esteem, and Demographic Predictions of Happiness and Depression. *Personality and Individual Differences, 34(6),* 921-942.
- Choi J. Fauce, S. & Effros, R. Reduced Telomerase Activity in Human T Lymphocytes Exposed to Cortisol. *Brain, Behavior, and Immunity* 2008;22(4):600-5.
- Cleckley, H. (2007). The Mask of Sanity: An Attempt to Clarify Some Issues About the So-Called Psychopathic Personality. *Journal of American Medicine*, *volume 17,* pages 101- 104.

- Crossley, A. & Langdridge, D. (2005). Perceived Sources of Happiness: A Network Analysis. *Journal of Happiness Studies, 6(2),* 107-135.
- Cummings, M. (2006). *Child Development.* IN: Notre Dame University.
- Debecker, G. (1997). *The Gift of Fear: Survival Signals That Protect Us from Violence.* NY: Little, Brown and Company.
- Diener E., Wolsic T. & Fujita. S. (1995). Physical Attractiveness and Subjective Wellbeing. *Journal of Personality and Social Psychology, 69,* 120-129.
- Duberstein, P. (2008, September 24). Personality Can Hamper Physician's Assessment Of Depression. *Journal of General Internal Medicine, volume 51,* pages 17-24.
- Emmons, G. & Diener, E. (1985). The Satisfaction With Life Scale. *Journal of Personality Assessment, 49,* 71-75.
- Gershon, E., Hattori, E. & Liu, C. (2003). Functional Analysis of Genetic Variation. *American Journal of Human Genetics, volume 72* pages 40-51.
- Goldman, D. (2008). Stress and Behavior. *Nature, volume 5,* pages 11-13.
- Hertsgaard, D. (1984). Anxiety, Depression, and Hostility in Rural Women. *Psychology Rep.,*55:67
- Holmes, T. & Rahe, R. (1967). Social Readjustment Rating Scale. *Journal of Psychosomatic Research, 11,* 214.
- Jussim, L. & Harber, K. D. (2005). Teacher Expectations and Self-Fulfilling Prophecies: Knowns and Unknowns, Resolved and Unresolved Controversies. *Personality and Social Psychology Review, 9(2),* 131–155.
- Kendler, K.S. & Baker, J.H. (2007). Genetic Influences on Measures of the Environment: a systematic review. *Psychological Medicine, 37,* 615-626.
- Kivimaki, M., Vahtera, J., & Elovainio, M. (Year). Optimism and Pessimism as Predictors of Change in Health After Death or Onset of Severe Illness in Family. *Health Psychology, 24(4),* pages 34-38.

- Krueger, R., Hicks, B., & McGue, M. (2001). Altruism and Antisocial Behavior: Independent Tendencies, Unique Personality Correlates, Distinct Etiologies. *Psychological Science, 12(5),* 397-403.
- Kubler-Ross, E. (1970). *On Death and Dying*. New York: Macmillan Company.
- Lee, S. (1999). Body image, Self-esteem, and Compulsive Shopping Behavior Among Television Shoppers. *Dissertation Abstracts International, 59(10-B), 5621.*
- Lieberman, D. (2007). *You Can Read Anyone.* NJ: Viter Press. Loney, J. (1974). The Relationship Between Impulse Control and Self-esteem in School Children. *Psychology in the Schools, 11(4),* 462-466.
- Maslow, A. H. (1943). A Theory of Human Motivation. *Psychological Review, 50(4),* 370-96.
- Nisbett, R. (2004). *The Geography of Thought: How Asians and Westerners Think Differently . . . and Why*. NY: Simon and Schuster.
- Osher, Y., Hamer, D., & Benjamin, J. (1996). *USA Molecular Psychiatry* (Vol. 1, issue 5). NY: Nature Publishing Group.
- Piliavin, J. & Hong-Wen, C. (1990). ALTRUISM: A Review of Recent Theory and Research. *Annual Review of Sociology*, *16*(*1*), 27-65.
- Pinkofsky, H.B. (1997). Mnemonics for DSM-IV Personality Disorders. *Psychiatric Serv.,* 48(9), 1197-8.
- Ressler, R. (1992). *Whoever Fights Monsters*. NY: St. Martin' s Press.
- Rosenthal, R. (1976). *Experimenter Effects in Behavioral Research*(enlarged ed.). NY: Irvington Publishers, Inc.
- Ryan, D. (1983). Self-esteem: An Operational Definition and Ethical Analysis. *Journal of Psychology & Theology, 11(4),*295-302.
- Seligman, M. & Peterson, C. (2004). *Character Strengths and Virtues; A Handbook and Classification*. Oxford: American Psychological Association.
- Sharma, S. & Rao, U. (1983). The Effects of Self-esteem, Test Anxiety and Intelligence on Academic

Achievement of High School Girls. *Personality Study & Group Behaviour,3(2),* 48 55.
- Shrauger, S. & Rosenberg, S. (1970). Self-esteem and the Effects of Success and Failure Feedback on Performance. *Journal of Personality*, *38*(*3*), 404-417.
- Szasz, T. (1974). *The Myth of Mental Illness: Foundations of a Theory of Personal Conduct.* NY: Harper & Row.
- Tangney, J. (2000). Humility: Theoretical perspectives, empirical findings and directions for future research. *Journal of Social & Clinical Psychology, 19(1),* 70-82.
- Tassava, S. (2001). An Examination of Escape Theory in Relation to Binge Eating, Alcohol Abuse, and Suicidal Ideation. *Dissertation Abstracts International*, 61(7-B), 3864.
- *University of Toledo Police, Healthy Boundaries Program.* Retrieved from http://www.utoledo.edu/depts/police/pdfs/Healthy_Boundaries.pdf Waite, L. & Gallagher, M. (2000). *The Case for Marriage: Why Married People Are Healthier, Happier, and Better-Off Financially*. NY: Doubleday.
- Watten, R. G., Vassend, D., Myhrer, T., & Syversen, J. L.(1997). Personality Factors and Somatic Symptoms. *European Journal of Personality, 11,* 57-68.
- Wilcox, W., Waite, L., & Roberts, A. (2007). Research Brief No. 4. *Center for Marriage and Families, Institute for American Values, volume 7,* pages 22-24.

國家圖書館出版品預行編目資料

看人要準，防人要快：FBI 資深顧問教你一眼認出危險人物，避開身邊的隱形炸彈 / 大衛・李柏曼 (David J. Lieberman) 著；高品薰譯. -- 初版. -- 臺北市：啟示出版：英屬蓋曼群島商家庭傳媒股份有限公司城邦分公司發行, 2025.05
面；　公分. -- (Talent系列；63)

譯自：Find out Who's Normal and Who's Not
ISBN 978-626-7257-84-5 (平裝)

1.CST: 應用心理學　2.CST: 讀心術　3.CST: 人類行為

177　　　　114005026

線上版讀者回函卡

Talent系列63

看人要準，防人要快：FBI 資深顧問教你一眼認出危險人物，避開身邊的隱形炸彈

作　　者／大衛・李柏曼（David J. Lieberman）
譯　　者／高品薰
企畫選書人／周品淳
總 編 輯／彭之琬
責任編輯／周品淳

版　　權／吳亭儀、江欣瑜
行銷業務／周佑潔、周佳葳、林詩富、吳淑華、吳藝佳
總 經 理／彭之琬
事業群總經理／黃淑貞
發 行 人／何飛鵬
法律顧問／元禾法律事務所王子文律師
出　　版／啟示出版
台北市南港區昆陽街 16 號 4 樓
電話：(02) 25007008　傳真：(02)25007759
E-mail:bwp.service@cite.com.tw
發　　行／英屬蓋曼群島商家庭傳媒股份有限公司城邦分公司
台北市南港區昆陽街 16 號 8 樓
書虫客服服務專線：02-25007718；25007719
服務時間：週一至週五上午09:30-12:00；下午13:30-17:00
24小時傳真專線：02-25001990；25001991
劃撥帳號：19863813；戶名：書虫股份有限公司
讀者服務信箱：service@readingclub.com.tw
城邦讀書花園：www.cite.com.tw
香港發行所／城邦（香港）出版集團有限公司
香港九龍土瓜灣土瓜灣道86號順聯工業大廈6樓A室
電話：(852)25086231　傳真：(852)25789337　E-MAIL：hkcite@biznetvigator.com
馬新發行所／城邦（馬新）出版集團【Cite (M) Sdn Bhd】
41, Jalan Radin Anum, Bandar Baru Sri Petaling, 57000 Kuala Lumpur, Malaysia.
電話：(603) 90578822　傳真：(603) 90576622
Email: cite@cite.com.my

封面設計／李東記
排　　版／芯澤有限公司
印　　刷／韋懋實業有限公司

■2025 年 5 月 13 日初版　　Printed in Taiwan

定價380元